Matkaopas gaelinkieliseen Skotlantiin

Jani Koskinen

Matkaopas gaelinkieliseen Skotlantiin

© 2021 Koskinen, Jani

Kustantaja: BoD – Books on Demand, Helsinki, Suomi

Valmistaja: BoD – Books on Demand, Norderstedt, Saksa

ISBN: 978-952-80-4460-4

Kansikuva: Opastetaulu Caledonian MacBraynen lautalla Hebrideillä v. 2014

Kuva: Jani Koskinen

Sisällys

Kirjailijasta

Jani Koskinen (s. 1988 Kirkkonummi) on koulutukseltaan kielitieteilijä. Hän on valmistunut v. 2019 Helsingin yliopistosta maisteriksi pääaineenaan suomalais-ugrilainen kielentutkimus. Sivuaineopintoja hänellä on useista muista kieliaineista. Opinnoissaan Koskinen on syventynyt mm. kielten välisiin valtasuhteisiin, kielten uhanalaistumis- ja elvytysprosesseihin sekä kielipolitiikkaan. Häntä kiinnostavat ennen kaikkea vähemmistö- ja alkuperäiskielet sekä niitten yhteiskunnallisen aseman kehittäminen.

Koskinen on vieraillut myös turistina useilla vähemmistökielten puhuma-alueilla ja pohtinut, miten matkailu vaikuttaa kunkin alueen alkuperäiskielen ja -kulttuurin elinvoimaisuuteen. Usein tuo vaikutus on kielteinen, mutta oman roolinsa tiedostava matkailija voi Koskisen näkemyksen mukaan myös kääntää vierailunsa alueella paikalliskielen eduksikin. Avainasemassa tässä ovat matkailijan perehtyminen paikalliskieleen jossain määrin jo ennen matkaa sekä paikalliskieltä tietoisesti suosivat kieli- ja kulutusvalinnat matkan aikana.

Esipuhe

Olen julkaissut aiemmin kirjan *Unohda Wales, lähde Kymrinmaahan!* (2020), jonka lähtökohtana on kulttuurisesti kestävä matkailu ja tutustuminen Kymrinmaahan sen oman kielen, kymrin kautta. Jo tuota kirjaa kirjoittaessani pohdin, voisiko samalla periaatteella laatia matkaopaskirjoja muistakin sellaisista alueista, joilla on oma, valtion valtakielestä eroava alkuperäiskielensä. Nämä pohdinnat johtivat tähän kirjaan, jossa esitellään gaelinkielistä Skotlantia.

Kirja jää väistämättä suppeammaksi kuin vastaava Kymrinmaa-aiheinen kirjani. Kymri ja gaeli ovat suuruusluokaltaan erikokoisia kieliä – siinä missä kymrin puhujamäärä lasketaan sadoissatuhansissa, gaelilla puhujia on vain joitakin kymmeniätuhansia. Gaeli on säilyttänyt asemansa paikallisyhteisön pääkielenä selvästi pienemmällä alueella kuin kymri. Lisäksi sielläkään, missä gaelia puhutaan, sen näkyvyys katukuvassa ja varsinkaan kaupallisissa palveluissa ei vedä vertoja kymrille.

Kymrinmaassa kulttuurisesti kestävän matkailun lähtökohdaksi voi ottaa sellaiset kulutusvalinnat, jotka ylläpitävät ja edistävät kielen käyttöä kaupallistenkin palveluitten kielenä. Voi siis esimerkiksi pyrkiä syömään ravintolassa, josta löytyy ruokalista (ainakin) kymriksi ja majoittumaan hotellissa, jonka verkkosivuista on olemassa (ainakin) kymrinkielinen versio.

Skotlannissa sama ei ole mahdollista gaelin kielen kanssa, sillä gaeli loistaa näissä yhteyksissä lähes täysin poissaolollaan. Aina voi tietysti toivoa tilanteen muuttuvan tulevaisuudessa ja matkailijan kannattaakin kulkea silmät auki. Jos jossain sattuu tulemaan vastaan gaelinkielinen (käytännössä siis kaksikielinen) ruokalista, niin ilman muuta kyseistä ravintolaa kannattaa suosia. Itse en ole kuitenkaan voinut listata tähän kirjaan Kymrinmaa-kirjani tapaan suositeltuja ravintoloita tai muitakaan palveluntarjoajia, sillä en ole onnistunut löytämään yhtä ainuttakaan gaelinkielistä ruokalistaa tai gaelinkielisiä majapaikan verkkosivuja. Ruokalistoissa lukee parhaimmillaankin vain otsikossa pari sanaa gaelia, mutta tärkein sisältö eli ruokalajien nimet ovat aina yksikielisesti englanniksi. (Tämä on tilanne vuonna 2021.)

Miten sitten kulttuurisesti vastuullinen matkailija voi tukea paikalliskulttuurin ja -kielen elinvoimaisuutta, jos palveluita ei kerta kaikkiaan ole paikallisella kielellä? Ainakin voi opiskella kieltä sen verran, että pystyy käyttämään sitä suullisesti rutiiniluonteisimmissa tilanteissa. Tämä on tärkeää varsinkin niissä tilanteissa, joissa itse on maksavana asiakkaana, sillä näin osoitetaan, että paikalliskieliselle palvelulle on kysyntää (jopa ulkomaisten matkailijoitten keskuudessa) ja vahvistetaan kielen arvostusta työmarkkinoilla ja rekrytoinnissa. Lisäksi puuttuvia gaelinkielisiä ruokalistoja, opastekylttejä, -lehtisiä ja verkkosivuja kannattaa ihmetellä ääneen aina kun mahdollista. Tämä ei vaadi edes gaelin taitoa. Kieltä osaamatonkin voi ilmaista asiakaspalautteessaan, että arvostaisi gaelin kielen laajempaa käyttöä ja kulttuurista vastuullisuutta kuluttamissaan palveluissa.

Voi myös tehdä kulutusvalintoja kielipolitiikassa esiintyvien pientenkin erojen pohjalta. Voi esimerkiksi pyrkiä löytämään majapaikan tai ravintolan, jolla olisi edes gaelinkielinen nimi. Tällaisia kyllä onneksi löytyy. Kannattaa kuitenkin muistaa, että kielen informatiivinen käyttö on symbolista käyttöä huomattavasti tärkeämpää. Tämä tarkoittaa, että jos sattuu löytämään englanniksi nimetystä ravintolasta gaelinkielisen ruokalistan, niin tämä ravintola on heti paljon suositeltavampi kuin sellainen gaeliksi nimetty ravintola, jossa on vain englanninkielinen ruokalista. Yrityksen nimi ei ole ensimmäinen asia, johon kannattaa kiinnittää huomiota – mutta tärkeä silloin, kun muita erottavia tekijöitä ei löydy.

Kun jollain paikkakunnalla on eri nimi gaeliksi ja englanniksi, on suositeltavaa käyttää suomenkielisissä yhteyksissä gaelinkielistä nimeä. Englanninkielisen nimen voi mainita suluissa gaelinkielisen perässä, jos se ylipäänsä on tarpeellista. Gaelinkielisen nimen käyttäminen ensisijaisena nimenä on perusteltua eritoten silloin, kun paikka sijaitsee tänä päivänäkin tai ainakin lähihistoriassa vahvasti gaelinkielisenä säilyneenä alueella. Itse käytän gaelinkielisiä nimiä kaikista muista Skotlannin paikoista paitsi Orkney- ja Shetlanninsaarista, joilla ei ole koskaan puhuttu gaelia. (Näitten saarten alkuperäiskieli on 1800-luvulla hävinnyt skandinaavinen nornin kieli ja nykyään niillä puhutaan englannille läheistä sukua olevaa skotin kieltä.)

Yksi tapa tukea kieltä on ostaa sillä kirjoitettuja kirjoja. Mitä enemmän tietyllä kielellä kirjoitetut tai sille käännetyt kirjat myyvät, sitä useammalla ihmisellä on tietysti mahdollisuus ansaita elantonsa tai ainakin osa elannosta valmistamalla näitä kirjoja ja työskentelemällä siis kielen parissa. Jos kirjojen lukeminen gaeliksi tuntuu kieliopintojen alkuvaiheessa työläältä, voi tietysti ensimmäiseksi ostaa kielen oppikirjan tai vaikkapa sarjakuvia. Gaelinkielisen musiikin tekijöitä voi tukea ostamalla levyjä ja musiikista nauttimiseen ei välttämättä tarvitse kielitaitoakaan.

Kirja-, levy- ja muita matkamuisto-ostoksia kannattaa tehdä ensisijaisesti yleishyödyllisten toimijoitten (kuten kulttuurikeskusten ja museoitten) kaupoissa tai muissa gaelinkielisimmillä alueilla sijaitsevissa pikkuputiikeissa. Jos ostaa saman tuotteen jonkin suuren ketjun liikkeestä, osa tuotosta menee ketjulle ja suhteellisesti pienempi osa hinnasta päätyy suoraan hyödyttämään gaelinkielistä paikallisyhteisöä. Samasta syystä kannattaa suosia kulttuurikeskusten ja museoitten kahviloita. Jotkin tällaiset keskukset ovat viime vuosina alkaneet tietoisesti kehittää gaelin kielen asemaa palveluissaan ja vaikka tämä kehitystyö onkin vielä monilta osin kesken, on se silti parempi kuin ei mitään. Jos gaelin käyttöala tulevaisuudessa laajenisi esimerkiksi ruokalistoihin, todennäköisintä on, että ensin tämä tapahtuisi juuri kulttuurikeskusten kahvioissa. Tällaisten keskusten henkilökunnan kanssa lienee myös parhaat mahdollisuudet päästä käyttämään kieltä suullisesti niin halutessaan.

Erilaiset gaelinkieliset kulttuuritapahtumat (kuten konsertit ja musiikkijuhlat) ovat myös erinomainen tapa sekä tutustua kieleen että myös tukea gaelinkielisiä toimijoita maksavana asiakkaana. Jos mahdollista, kannattaa matkustaa sellaiselle festivaalille, jossa gaelia ei ole "folklorisoitu" vain laulukielen rooliin, vaan festivaali käyttää kieltä järjestelmällisesti myös ulkoisessa viestinnässään. Tässä mielessä suositeltava festivaali on esimerkiksi vuosittain järjestettävä Blas Festival, jolla on juhlaviikon aikana tapahtumia useilla paikkakunnilla. Festivaalin verkkosivut ja facebook-sivun kirjoitukset ovat melko järjestelmällisesti kaksikielisiä.

https://www.blas.scot

https://www.facebook.com/blasfestival

Gaelin kielen historiaa

Gaeli kuuluu indoeurooppalaisen kielikunnan kelttiläiseen haaraan ja vielä tarkemmin kelttiläiskielten goideeliseen alahaaraan. Sen lähimpiä sukulaiskieliä ovat Irlannissa puhuttava iiri ja Mansaarella puhuttava manksi. Näitten puhujat voivat ymmärtää toistensa kieliä suunnilleen saman verran kuin suomen- ja vironkieliset toisiaan. Hieman kaukaisempaa sukua gaelille ovat kelttiläisten kielten toiseen eli britanniseen alahaaraan kuuluvat kymri, korni ja bretoni. Niitten sukulaisuussuhde gaeliin on etäisyydeltään samaa luokkaa kuin suomen suhde saamelais- tai mordvalaiskieliin.

Kelttiläiset kielet levisivät Euroopan mantereen puolelta Britteinsaarille ensimmäisellä vuosituhannella ennen ajanlaskun alkua. Sitä ennen saarilla puhutusta kielestä tai kielistä tiedetään varsin vähän, mutta todennäköisesti kieli ei ainakaan ollut indoeurooppalainen. Ison-Britannian saarella kelttiläisestä kielimuodosta kehittyi britanninen alahaara ja Irlannin saarella goideelinen alahaara. Ensimmäisellä vuosituhannella ajanlaskun jälkeen osissa Skotlantia puhuttiin ilmeisesti yhä jotain ei-indoeurooppalaista kieltä, mutta ainakin Skotlannin eteläisimpiin osiin oli levinnyt myös kelttiläinen kielimuoto. Tämä kielimuoto kuului britanniseen haaraan ja nykykielistä sen läheisin sukulainen on kymri.

Skotlannin historiasta puhuttaessa törmää usein kansaan nimeltä piktit. Samoin saattaa törmätä keskusteluun siitä, puhuivatko piktit jotain kelttiläistä kielimuotoa vai ei-indoeurooppalaista kieltä. Kysymys on osittain terminologiasta ja määritelmistä. Arkeologit määrittelevät piktit aineellisen kulttuurin mukaan, mutta ei ole mitenkään välttämätöntä, että saman aineellisen kulttuurin edustajilla olisi ollut koko esiintymisalueellaan tai koko esiintymisaikanaan vain yksi ja sama kieli. Kielitieteellisten tutkimusten (mm. paikannimistön) perusteella on joka tapauksessa

12

selvää, että osissa Skotlantia puhuttiin aikoinaan kelttiläisten kielten britanniseen haaraan kuulunutta kielimuotoa ja että siellä toisaalta puhuttiin tätä ennen ja mahdollisesti osittain vielä samaan aikaankin myös kieltä, joka ei ollut ainakaan kelttiläinen, eikä todennäköisesti indoeurooppalainenkaan. Epäselvyys liittyy lähinnä siihen, mitä nimeä kustakin kielimuodosta kunkin alan tutkimuksessa käytetään ja miten tietty kielimuoto pitäisi samaistaa tai jättää samaistamatta tiettyyn arkeologiseen kulttuuriin.

Gaeli puolestaan alkoi levitä Skotlantiin Irlannista joskus ensimmäisen vuosituhannen puolivälissä ajanlaskun alun jälkeen. Samalla alkoi sen vähittäinen erkaantuminen muinaisiiristä omaksi kielekseen. Puhuma-alue kasvoi ja toisen vuosituhannen alkupuolella gaelia puhuttiinkin jo suurimmassa osassa nykyistä Skotlantia. Nykypäivänä gaeli liitetään vahvasti ns. Ylämaahan eli Pohjois- ja Länsi-Skotlantiin ja jotkut gaelivastaiset väittävät, ettei kieltä olisi koskaan puhuttu etelässä ja idässä eli ns. Alamaalla. Todellisuudessa gaeli oli kuitenkin aikoinaan lähes koko Skotlannin pääkieli. Esimerkiksi gaelinkieliseen sanaan *baile* 'kylä' perustuvia paikannimiä löytyy runsaasti Alamaaltakin. Ainoastaan aivan kaakkoisimmassa Skotlannissa Englannin rajan tuntumassa ne kävät harvinaisiksi.

Ensimmäisen ja toisen vuosituhannen vaihteen tienoilla Skotlannin saarilla ja osissa rannikkoseutua puhuttiin myös viikinkien levittämää skandinaavista kielimuotoa. Mielenkiintoisena yksityiskohtana mainittakoon, että aikana, jolloin gaelin puhuma-alue oli laajimmillaan, sen nykyään tärkeimmällä puhuma-alueella eli Pohjois-Hebrideillä saatettiinkin puhua skandinaavia!

Gaelin kielen taantuminen yhteiskunnan ylimmissä kerroksissa alkoi jo varsin varhain. Hovin kieli vaihtui ensin ranskansukuiseen normanniin, kun Skotlannin kuningattareksi päätyi englantilainen prinsessa Pyhä Margaret (s. n. 1045, k. 1093). Tavallisen kansan keskuudessa puolestaan englanninsukuinen skotin kieli levisi

13

pikkuhiljaa. Skotlannin länsi- ja pohjoisosissa kansa säilyi kuitenkin gaelinkielisenä klaanipäälliköitä myöten. Uskonpuhdistuksen jälkeen valtiovalta alkoi suhtautua gaelin kieleen entistäkin penseämmin. Iirin lähisukulaiskielenä gaeli samaistettiin helposti Irlannin katolilaiseen uskoon. Skotlannin kuningas Jaakko VI eli gaeliksi Seumas VI (1566-1625) määräsi vuonna 1609, että kaikkien aatelisten ja varakkaitten sukujen olisi koulutettava lapsensa protestanttisissa, englanninkielisissä kouluissa. Samalla hän julisti gaelinkielistä runolauluperinnettä ylläpitäneet bardit lainsuojattomiksi.

Uusi testamentti julkaistiin gaeliksi vasta vuonna 1767 ja koko Raamattu vuonna 1801. Vertailun vuoksi mainittakoon, että kymriksi koko Raamattu oli käännetty jo kaksisataa vuotta aiemmin. Gaelinkielisiä opetettiin 1800-luvulla jossain määrin omakielisen Raamatun avulla, mutta laajempaan käyttöön yhteiskunnassa gaeli ei edelleenkään päässyt, vaan kieli päinvastoin jatkoi taantumistaan. Kirkon suhtautumisesta kieleen kertonee jotain se, että Kymrinmaan kymrinkielisillä alueilla on tuiki tavallista nähdä niin vanhoissa kuin uusissakin hautakivissä kymrinkielistä tekstiä – kun taas Skotlannissa vastaavat tekstit ovat kivissä yleensä englanniksi.

Vuonna 1800 Skotlannissa oli gaelin puhujia noin 298 000 eli vielä 18,5 % koko väestöstä. Vain sadassa vuodessa määrä kuitenkin romahti, ainakin suhteellisessa osuudessa mitattuna. Vuonna 1901 gaelinkielisiä oli 231 000, mutta Skotlannin väkiluvun lähes kolminkertaistuttua vuosisadassa se tarkoitti enää viittä prosenttia koko väestöstä. Jo tuolloin selvä enemmistö puhujista osasi toisena kielenään myös englantia, ja viimeiset englantia lainkaan osaamattomat yksikieliset gaelin puhujat kuolivat noin 1970-luvulla. Vuonna 2001 gaelin puhujia oli Skotlannissa 59 000 eli reilu prosentti koko väestöstä. Vuoden 2011 väestölaskennassa luku oli lähes sama eli 58 000.

14

Skotlannin lisäksi gaelilla on merkittävä määrä puhujia myös Mi'kma'kissa eli mi'kmaq-kansan maassa. Aikoinaan puhuma-alue oli laajempi, mutta tänä päivänä siihen kuuluu lähinnä Unama'kin saari (gaeliksi *Ceap Breatainn* tai *Eilean Cheap Bhreatainn*), joka sijaitsee Alba Nuadhin eli "Uuden-Skotlannin" hallintoalueella Kanadassa. Mi'kmaqinkielistä nimeä en onnistunut hallintoalueelle löytämään.

Gaelinkielinen siirtokunta Pohjois-Amerikassa on koko kielen kannalta kaikkea muuta kuin kuriositeetti, sillä 1800-luvun puolivälissä gaelin puhujia oli toisella puolen Atlanttia yli 200 000 – siis kutakuinkin yhtä paljon kuin samaan aikaan Skotlannissa! Sittemmin puhujamäärät ovat toki tulleet roimasti alaspäin, mutta alueella asuu yhä tuhansia gaelin puhujia, siellä järjestetään gaelilaista kulttuuriperintöä ylläpitäviä tapahtuvia ja monet opiskelevat kieltä myös kursseilla.

Britannian hallitus pani vuonna 2017 erikoisella ja törkeällä tavalla kapuloita Skotlannin alkuperäiskielen rattaisiin, kun se hylkäsi kanadangaelilaisen Sìne Halfpennyn viisumihakemuksen. Halfpenny oli opiskellut gaelia Skotlannissa ja toiminut tämän jälkeen kielen opettajana Kanadassa. Hän olisi halunnut palata Skotlantiin ottaakseen vastaan gaelinkielisen luokanopettajan paikan Sisä-Hebrideihin kuuluvalta Muilen saarelta. Britannia hylkäsi viisumihakemuksen, eikä gaelinkielistä luokkaa perustettu Muilelle lainkaan, sillä ketään muutakaan opettajaa työhön ei löydetty. Gaeliksi opettamaan pystyvistä opettajista on huutava pula ja kysyntä kovaa.

Gaelin yhteiskunnallinen asema 2000-luvulla

Vielä 1800-luvulla gaelia puhuttiin laajalti Skotlannin Ylämaalla, mutta 2000-luvun alussa puhujien osuus ylitti 50 % enää vain Ulko-Hebridien saarilla. Seuraavaksi korkeimmat lukemat löytyvät Sisä-Hebrideiltä ja mantereen puolella gaelinkielisimpinä ovat säilyneet Luoteis-Skotlannin rannikkoalueet Hebridien tuntumassa. Skotlannin suurkaupungeissa asuu absoluuttisessa määrässä mitaten suurehko joukko gaelinkielisiä (esim. Glaschussa eli Glasgow'ssa ja Dùn Èideannissa eli Edinburghissa molemmissa kuutisentuhatta puhujaa), mutta kaupunkien koko väestöstä he muodostavat vain pienen osan. Gaelin kokonaispuhujamäärään suhteutettuna kaupunkilaisgaelilaisten osuus on kuitenkin merkittävä.

Jos verrataan jälleen kerran kymriin, niin gaelin edes jonkintasoinen virallistaminen on tapahtunut hitaammin ja tuloksetkin ovat olleet laihempia kuin kymrin kohdalla. Myös kieliaktivismi on ollut Skotlannissa pienimuotoisempaa ja tavoitteiltaan varovaisempaa. *Ceartas*-liike vaati kyllä jo 1980-luvulla parannuksia gaelin asemaan, ja vuonna 2016 perustettu järjestö *Misneachd* (jonka nimi tarkoittaa suunnilleen samaa kuin suomen kielen sana "sisu") on nostanut pöydälle entistä kunnianhimoisempia tavoitteita. Gaelilaisten kieliaktivismilta puuttuu kuitenkin sellainen jatkuvuus ja järjestelmällisyys, jonka kymriläisten kohdalla on taannut Kymrin kielen seuran (Cymdeithas yr Iaith Gymraeg) yhtäjaksoinen toiminta 1960-luvulta näihin päiviin saakka.

Gaelinkielinen kouluopetus aloitettiin ensimmäistä kertaa vuonna 1985. Gaelinkielisellä opetuksella tarkoitetaan tässä sellaista opetusmuotoa, jossa gaeliksi opetetaan suurin osa oppiaineista, eikä kieltä siis opeteta vain omana oppiaineenaan muun opetuksen ollessa englanniksi. Gaeliksi koulunsa käyvien lasten määrä on kasvanut tähän mennessä tasaisesti koko olemassaolonsa ajan ja vuonna 2018 reilut neljätuhatta lasta sai peruskoulussa pääasiassa gaelinkielistä

16

opetusta. Lisäksi vajaat seitsemäntuhatta englanniksi koulua käyvää lasta opiskeli gaelia oppiaineena.

Merkittävänä erona Kymrinmaahan on kuitenkin, että jopa gaelinkielisimmällä alueella eli Ulko-Hebrideillä kaiken opetuksen sai gaeliksi vain 31 % oppilaista. Kymrinmaan kymrinkielisimmässä osassa eli Gwyneddin maakunnassa ei ylipäänsä ole englanninkielisiä kouluja, vaan oletusarvo on, että jokainen alueella asuva käy kotikielestä riippumatta koulunsa kokonaan kymriksi. Tämä onkin ainoa tapa saada englantiakin kotikielenään puhuvat lapset oppimaan paikallinen kieli kunnolla niin, ettei paikallisyhteisön pääkieli vaihdu englanninkielisten tulokkaitten myötä.

Vuonna 2020 Ulko-Hebridit teki historiallisen päätöksen alkaa tarjota gaelinkielistä opetusta oletusarvona. Aiemmin lapset on ohjattu automaattisesti englanninkieliselle luokalle, elleivät vanhemmat ole erikseen pyytäneet gaelinkielistä opetusta. Tästä lähtien tehdään siis toisin päin, mutta englanninkielistä opetusta on saatavilla yhä. Muutoksen voi nähdä siirtymävaiheena kohti parempia aikoja. Toivottavasti joskus tulevaisuudessa Ulko-Hebrideillä (ja sen jälkeen joissain muissakin Skotlannin osissa) otetaan käyttöön Gwyneddin malli, jossa paikalliskielisen koulujärjestelmän kautta kaikille lapsille opetetaan paikallinen kieli, sillä se on ainoa mahdollinen tapa turvata kielen elinvoimaisuus paikallisyhteisön pääkielenä. Jo nykyään monet vanhemmat toki ymmärtävät kielen arvon ja laittavat lapsensa gaelinkieliselle luokalle, vaikka kotikieli olisi englanti. Itse asiassa jopa suurin osa gaelinkielisten luokkien oppilaista tulee englanninkielisistä kodeista, joten he oppivat kielen käytännössä kielipesä- tai kielikylpymenetelmällä.

Erona Kymrinmaahan on sekin, että Skotlannissa gaelinkieliset luokat toimivat harvoja poikkeuksia lukuun ottamatta osana englanninkielisiä kouluja, eivätkä kokonaiset koulut ole yleensä gaelinkielisiä. Kun kaikki edes samaa koulua käyvistä lapsista eivät siis puhukaan gaelia, oman kielen arvostus lasten ja nuorten keskuudessa ja sen käyttö esimerkiksi välitunneilla jäänee vähäisemmäksi kuin Kymrinmaassa. Lisäksi koulujen sisäisenä hallintokielenäkään gaelia ei voitane tällaisissa kouluissa käyttää toisin kuin kymriä Kymrinmaan kouluissa, joissa koko opettajakunta osaa kieltä, kun kerran opettaakin sillä.

Kieli on saanut gaelinkielisten koulujen ansiosta jalansijaa myös Skotlannin suurkaupungeissa Glaschussa ja Dùn Èideannissa. Molemmissa kaupungeissa onkin edelleen 2020-luvulla tarkoitus avata uusia gaelinkielisiä kouluja ja kasvattaa näin oppilaskapasiteettia.

Britannian yleisradioyhtiö BBC:llä on gaelinkielinen televisio- (BBC Alba) ja radiokanava (Radio nan Gàidheal). Lisäksi se tuottaa verkkoon gaelinkielisiä uutisia (Naidheachdan) kirjoitetussa muodossa. Radiokanavankin ohjelmia voi kuunnella verkon kautta ympäri maailman, mutta televisio-ohjelmien katselu onnistuu vain Britanniasta käsin. BBC:n sääennusteet osoitteessa www.bbc.com/weather ovat luettavissa englanniksi, gaeliksi (Gàidhlig), iiriksi (Gaeilge) ja kymriksi. Kieli tosin pitää valita valikosta, joka sijoittuu ainakin nykyisessä versiossa sivun alaosaan niin, ettei mahdollisuutta vaihtaa englanti toiseen kieleen tule välttämättä edes huomanneeksi.

Gaelinkielisen televisiokanavan lähetykset alkavat arkisin kello viideltä iltapäivällä ja viikonloppuisin neljältä. Ohjelma jatkuu kutakuinkin puoleenyöhön. Aamupäivisin ohjelmaa ei siis tule, toisin kuin kymrinkieliseltä televisiokanavalta. Muutenkin jos verrataan kymrinkielisen S4C:n ohjelmistoon, BBC Alban ohjelmat vaikuttavat monesti "kotikutoisemmilta" ja pienemmillä resursseilla tehdyiltä. Toisaalta kannattaa pitää mielessä, että kotimaisilla kielivähemmistöillämme saamelaisilla ja karjalankielisillä ei ole lainkaan omaa televisiokanavaa, vaikka niin saamen kuin karjalankin puhujia löytyy maailmasta kymmeniätuhansia ja puhujamäärä liikkuu siis samassa suuruusluokassa kuin gaelinkielisillä. Suomella, muilla Pohjoismailla ja

18

Venäjällä olisikin valtavasti parantamisen varaa siinä, että mediatarjonnan määrä kotoperäisillä vähemmistökielillä ja alkuperäiskielillä saataisiin edes välttävälle tasolle – jos nyt gaelin tai jopa kymrinkin kohdalla tilanne on vielä kaukana ihanteellisesta.

BBC Alban ohjelma alkaa päivittäin lastenohjelmilla, joita tulee puolestatoista tunnista kahteen tuntiin. Niitten jälkeen ohjelma-aika jakautuu dokumenttien, ajankohtaisohjelmien, viihde- ja musiikkiohjelmien kesken. Gaelin oppijoille 1990-luvulla tehty 72-osainen sarja *Speaking our language* pyörii ties jo kuinka monetta kertaa uusintana. Sarjan materiaalit löytyvät myös verkosta osoitteesta learngaelic.scot/sol/index.jsp

Fiktiivisiä sarjoja (draamaa) gaeliksi on tehty melko vähän, ainakin verrattuna jälleen kerran kymriin. Poikkeuksen muodostaa 1990-luvulla kuvattu 151-osainen saippuasarja *Machair*, joka sekin pyörii BBC Alballa uusintoina yhä 2020-luvulla. Toinen gaelinkielinen draamasarja on 2010-luvulla tehty *Bannan*. Lisäksi jonkin verran gaelia käytetään pääosin englanninkielisessä sarjassa *Outlander – Matkantekijä*, jota Ylekin on esittänyt. Suomessa ainoastaan englanninkieliset osiot sarjasta oli tekstitetty. Kysyin Yleltä syytä tähän ja minulle vastattiin, että sarjan tuottajat olivat vaatineet gaelinkielisten osioitten tekstittämättä jättämistä. Perusteluna käytettiin myös sitä, että sarjan päähenkilö Claire ei ymmärrä gaelia, joten katsoja voi asettua tämän asemaan, kun gaelia ei tekstitetä.

Esitetyt perustelut eivät vakuuta. Valinta jättää gaelinkielisiä osuuksia kääntämättä on vähemmistökieltä ja sen puhujia toiseuttava. Vähemmistökieli näytetään eksoottisena jäänteenä menneestä maailmasta – jonakin sellaisena, jota "tavallisen" ihmisen on mahdotonta ymmärtää. Vetoaminen siihen, että sarjan englanninkielisillekään katsojille ei ole tekstitetty gaelinkielisiä osuuksia, on kummallista. Onko siis sarja, jossa puhutaan gaelia(kin), tehty lähtökohtaisesti vain

19

englanninkielisille, vaikka luulisi, että päinvastoin sarjalle tavoitellaan gaelinkielisiä(kin) katsojia ja että tekemällä tällainen sarja pyritään tietoisesti vahvistamaan gaelin kielen asemaa mediassa ja sitä osaavien ihmisten arkikielenä? Jos näin ei olekaan, se tarkoittaa, että gaelia onkin käytetty vain tuomaan eksotiikkaa englannin- ja muunkielisille sen sijaan, että gaelin käyttö sarjassa lähtisi kieliyhteisön omista tarpeista. Tällöin voidaan puhua mahdollisesti jo ilmiöstä nimeltä kulttuurinen omiminen.

Toisaalta vähemmistökielisten televisio-ohjelmien tekstityspolitiikka on noussut 2010-luvulla esille myös Kymrinmaassa, jossa kieliaktivistit ovat vaatineet nimenomaan, että kymrinkielisen televisiokanavan ohjelmiin ei pitäisi laittaa sellaisia kuvaan "poltettuja" englanninkielisiä tekstityksiä, joita ei voi kytkeä kaukosäätimellä pois päältä. Kieliaktivistien vaatimus on ymmärrettävä, sillä ruudussa oleva teksti saattaa kiinnittää huomion turhaan, niin että kymriä ymmärtäväkin katsoja tulee lukeneeksi tekstin englanniksi, vaikka ymmärtäisi asian kuuntelemallakin. Kieltä opiskelevallekin voi olla liian houkuttelevaa lukea tekstityksiä sen sijaan, että pyrkisi ymmärtämään puhetta. Sitä paitsi on jo lähtökohtaisesti ongelmallinen ajatus, ettei kymrinkielisillä voisi olla mitään omaa televisiossa, vaan että kaikki heidän ohjelmansa pitäisi tehdä ymmärrettäväksi englanninkielisille. Tämä jos mikä kuulostaisi kielten välisen epäsymmetrisen valta-aseman hyväksymiseltä ja alistumiselta vapaaehtoisesti siihen.

Toisaalta tekstien polttamista kuvaan puolustetaan sillä perusteella, että näin kymrin taidottomiakin voitaisiin saada helpommin katsomaan kymrinkielisiä ohjelmia ja mahdollisesti innostumaan kielen opiskelusta. Se, että englanninkielisen tekstityksen voi halutessaan valita joihinkin ohjelmiin kaukosäätimestä nappia painamalla, ei kaikkien mukaan riitä. Kanavia televisiosta selatessaan on helppo ohittaa sellainen kanava tai ohjelma, jonka kieltä ei ymmärrä – ilman, että vaivautuisi edes ottamaan selvää, saisiko ohjelmaan mahdollisesti napin painalluksella tekstityksen. Automaattisesti ruudulla näkyvän tekstityksen ajatellaan

20

ilmeisesti madaltavan kynnystä jäädä spontaanisti seuraamaan kanavia selatessa sattumalta vastaan tulevaa ohjelmaa. En täysin tyrmää tätäkään ajattelutapaa, vaikka kallistunkin kymrin kieliaktivistien tapaan ajattelemaan, että poltetuista teksteistä on kuitenkin loppujen lopuksi enemmän haittaa kuin hyötyä. Jos kymrinkielisiä tai edes kaksikielisiä televisiokanavia olisi enemmän, voisi tietysti antaa kaikkien kukkien kukkia ja eri kanavien noudattaa erilaista kieli- ja tekstityspolitiikkaa, mutta niin kauan kuin kymrinkielisiä kanavia on vain yksi, on muistettava, että sen tehtävä on palvella ensisijaisesti nimenomaan kymrinkielisiä katsojia.

Englanninkielisten tekstien polttaminen kymrinkielisiin ohjelmiin jäi lopulta lyhytaikaiseksi kokeiluksi. Sen sijaan yhä on mahdollista kaukosäätimestä valita osaan ohjelmista englanninkieliset tai myös kymrinkieliset tekstitykset. Kymrinkielisistä tekstityksistä onkin paljon apua – paitsi tietysti kuulovammaisille kymrin puhujille, niin myös kielen oppijoille. Opiskelija saa helpommin otteen kielestä, kun puhetta kuullessaan näkee saman myös kirjoitettuna. Valitettavasti BBC Alballa ei saa mihinkään ohjelmaan gaelinkielisiä tekstityksiä. Sen sijaan englanninkieliset tekstitykset ovat monissa ohjelmissa nimenomaan poltettuina kuvaan, eikä niitä saa kytkettyä pois päältä.

Palatakseni vielä kaksikieliseen englantia ja gaelia yhdistelevään Outlander-sarjaan, sen tekstityspolitiikka Suomessa ja muissa ei-englanninkielisissä maissa on tietysti kokonaan toinen kysymys kuin kymrinkielisen kanavan ohjelmien tekstittäminen englanniksi Kymrinmaassa tai osittain gaelinkielisen sarjan mahdollinen tekstittäminen alkuperämaan kohdeyleisölle. Suomalaisesta näkökulmasta molemmat sarjassa puhutut kielet ovat vierasta kieltä ja tekstityskäytäntöäkin täytyy siksi tarkastella eri lähtökohdista kuin silloin, kun mietitään, pitäisikö sarjaan lisätä tekstityksiä sellaiselle kohdeyleisölle, joka puhuu äidinkielen tasoisesti joko toista tai molempia sarjassa käytetyistä kielistä.

Sen, että alkuperäiselle kohdeyleisölle ei ole tekstitetty mitään osuuksia (ei siis gaelinkielisiä englanniksi eikä englanninkielisiä gaeliksi), voi ehkä nähdä jopa myönteisenä asiana, kuten kymriaktivistien näkökulma osoittaa. Tällöin voidaan ajatella, että ymmärtäköön jokainen katsoja, mitä omista lähtökohdistaan ymmärtää, oli sitten gaelinkielinen, englanninkielinen tai kaksikielinen. Mutta kun ohjelma viedään levitykseen ulkomaille, siirrytään toiselle tasolle, kun ohjelmassa on joka tapauksessa jotkin osuudet tekstitetty. Jos tällöin vain toisenkieliset osiot tekstitetään, alkuperäinen näennäisesti symmetrinen valta-asetelma kielten välillä epäsymmetristyy. Ja jos näin joudutaan tekemään sarjan tuottajien ehdottomasta vaatimuksesta, samalla paljastuu, että tuottajilla on itse asiassa ollut alun perinkin kulttuuriseen omimiseen viittaava syy käyttää vähemmistökieltä sarjassa – sen sijaan, että he olisivat halunneet vilpittömästi antaa äänen vähemmistölle itselleen ja tukea vähemmistökielen ja -kulttuurin voimaantumisprosessia ja sen yhteiskunnallisen aseman vahvistumista.

Sitten vielä muutama sana musiikista, jonka saralla gaelin käytön yleisyys on kaksijakoista. Gaelinkielisen kansanmusiikin esittäjiä löytyy kyllä useita, mutta populaarimusiikkia gaeliksi on tehty tavattoman vähän. Siinä missä kymriksi (ja vain kymriksi) levyttäneet pop- ja rockbändit laskettaneen sadoissa ellei jo tuhansissa, niin gaelinkielisestä rockista ei tule mieleen muita esimerkkejä kuin vuosina 1973–2018 toiminut Runrig. Yhtye nousi suureen suosioon ja keikkaili ulkomaillakin. Sekään ei kuitenkaan laulanut yksinomaan gaeliksi, vaan teki osan kappaleistaan englanniksi. Alkuaikoina gaeli oli yhtyeen päälaulukieli ja englanti sivuosassa, mutta myöhemmin osat kääntyivät valitettavasti toisin päin. Yhtyeen ensimmäinen albumi *Play Gaelic* (1979) sisältää ainoastaan gaelinkielisiä kappaleita, vaikka albumin nimi onkin englantia.

Runrigin toisellakin albumilla *The Highland Connection* (1979) gaelinkieliset kappaleet ovat pääosassa, vaikka sillä kuullaan jonkin verran myös englantia. Tältä albumilta löytyy mm. kappale *Fichead Bliadhna* (suom. 'Kaksikymmentä vuotta'), joka kuvaa englanninkielisen ja -mielisen koulujärjestelmän vaikutusta gaelin kielen elinvoimaisuudelle ja sen puhujien itsetunnolle. Täytyy muistaa, että ensimmäisiäkin oppilaita alettiin opettaa koulussa gaeliksi vasta vuonna 1985 eli laulun julkaisuaikaan gaeli loisti koulumaailmassa vielä täysin poissaolollaan. Sanat kuvannevat hyvin sen aikaista todellisuutta:

Ruith sa mhonadh, ruith nam beann
's mar sin dhan sgoil aig deireadh samhraidh
nar clann, aig còig bliadhna dh'aois
's gun facal Beurla nar ceann

seo do leabhar, seo do pheann
dean do leasan, thuirt iad riumsa
's gun èirich sibh suas anns an t-saoghal
's gheibh sibh air adhart ann

[- -]

dh'ionnsaich sinn a leithid ann
cànan 's bàrdachd, bàrdachd Bheurla
ceòl na Gearmailt, eachdraidh na Spainnt
's b' e sin an eachdraidh mheallt

[- -]

fichead bliadhn' airson fìrinn
b' fheudar dhomh feitheamh, 's b' fheudar dhomh lorg
fichead bliadhn' de bhreugan
thug iad eachdraidh air falbh bhuainn.

Juoksentelua nummella, juoksentelua vuorella
sitten kesän päätteeksi kouluun
me lapset, viiden vuoden iässä
eikä sanaakaan englantia päässämme

tässä sinulle kirja, tässä sinulle kynä
tee läksysi, minulle sanottiin
niin kasvatte valmiiksi maailmalle
ja pääsette eteenpäin

[- -]

opimme kaikenlaista
kieltä ja runoutta, siis englantilaista runoutta
saksalaista musiikkia, Espanjan historiaa
ja sekin oli väärenneltyä historiaa

[- -]

kaksikymmentä vuotta totuutta
minun piti odottaa, minun piti etsiä
kaksikymmentä vuotta valetta
he riistivät meiltä oman identiteettimme.

Sananen skotin ja norninkin kielistä

Kielten nimien kanssa täytyy joskus olla tarkkana. Gaeli on läheistä sukua Irlannissa puhuttavalle iirille ja tämä näkyy kielten nimissäkin. Gaeli on omakieliseltä nimeltään *Gàidhlig* ja iiri puolestaan iiriksi *Gaeilge*. Entä miten sitten puhutaan gaeliksi iiristä tai iiriksi gaelista? Ongelma ratkaistaan käyttämällä tarkenteita irlannin- ja skotlannin-. Gaeliksi iiri on siis *Gàidhlig na h-Èireann* eli "irlanningaeli" ja iiriksi gaeli vastaavasti *Gaeilge na hAlban* eli "skotlanniniiri". Irlannissa puhuttavan kielen nimeksi on vakiintunut suomen kielessä iiri, mutta toisinaan suomenkielisetkin saattavat kutsua sitä gaeliksi. Siksi joissain yhteyksissä voi olla paikallaan puhua skotlanningaelista tai skottigaelista, jotta väärintulkinnan mahdollisuus vältetään.

Mutta ei tässä vielä kaikki. Sitten on vielä skotin kieli, jolla ei ole mitään tekemistä gaelin kanssa ja joka ei ole kelttiläinen, vaan germaaninen kieli. Skotti on tulkintatavasta riippuen joko englannin murre tai sen lähin sukulaiskieli. (Läheistä sukua toisilleen olevien kielimuotojen tapauksessa on monesti kaikkea muuta kuin helppoa määritellä, milloin kysymys on eri kielistä ja milloin "vain" saman kielen murteista. Epäselvissä tapauksissa on kuitenkin usein parempi puhua kielestä kuin valtakielen murteesta, ainakin jos merkittävä osa kielimuodon puhujista itse niin haluaa, sillä tämä määritelmä saattaa auttaa vahvistamaan kielimuodon asemaa ja sen elinvoimaisuutta.)

Skottia puhutaan lähinnä Skotlannin alamaalla – siis siinä osassa maata, josta gaeli väistyi jo varhain. Lisäksi sitä puhutaan Koillis-Skotlannissa, Orkney- ja Shetlanninsaarilla sekä paikoittain Pohjois-Irlannissa. Orkneysaaret ja Shetlanti ovat harvoja Skotlannin osia, joissa gaelia ei ole koskaan puhuttu. Näitten saarten alkuperäiskieli oli pohjoisgermaanisiin eli skandinaavisiin kieliin lukeutuva norni. Nykykielistä sen läheisin sukulainen on Färsaarilla puhuttava fääri. Norni hävisi ensin

26

Orkneysaarilta ja myöhemmin Shetlannista, jossa sen viimeiseksi sujuvaksi puhujaksi mainittu Walter Sutherland kuoli vuonna 1850. Lainasanojen muodossa nornista on toki jäänyt muistomerkkejä alueella myöhemmin puhuttuun skotin kielen murteeseen.

Skotin kieli on 1900- ja 2000-luvuilla joutunut enenevässä määrin väistymään englannin tieltä. Skottia vaivaa murteen leima, ja valitettavasti moderneissa länsimaisissa yhteiskunnissa on yhä vähemmän ja vähemmän tilaa valtakielen standardimuodosta merkittävästi eroaville aluemurteille. Varsinkin koululaitos, joukkotiedotusvälineet ja populaarikulttuuri ovat hävittäneet murteita niin Britanniassa kuin Suomessakin. Meillä puhutaan toisinaan jopa "murrebuumista" ja asenneilmapiirin muuttumisesta suopeammaksi murteille, mutta tämä on varsin kapea ja suorastaan harhaanjohtavakin näkökulma murteitten aseman kehitykseen.

On ehkä totta, että murteita on alettu nimellisesti arvostaa. Ennen niitä ajateltiin "huonona" kielenä, josta täytyy pyrkiä pois kohti yleiskieltä, mutta nyt niistä puhutaan "rikkautena". Kuitenkin tämän rikkauspuheen takana vaikuttavat edelleen vanhanaikaiset asenteet ja ihmisillä on voimakkaita (yleensä murteitten kannalta kielteisiä) näkemyksiä siitä, missä vahvaa murretta on sopivaa käyttää ja missä ei. Sarjakuviin se kelpaa, mutta entä kansanedustajan suuhun tai yliopistossa tehdyn opinnäytetyön kieleksi? Omasta kokemuksesta tiedän, että Suomessa joutuu säännöllisesti pilkan kohteeksi, jos kirjoittaa vahvaa murretta niinkin epämuodollisessa kielenkäyttöympäristössä kuin sosiaalisessa mediassa. Voisi sanoa myös, että monen mielestä murteet ovat rikkaus, mutta vain niin kauan kuin murteellisia ilmauksia esiintyy ainoastaan siellä täällä ripoteltuna yleiskielisen puheen tai tekstin sekaan. Sen sijaan perinteisistä murteista, joilla on oma (yleiskielestä huomattavasti eroava) kielioppinsa, suuri osa suomalaisista on jo niin vieraantuneita, että jos kirjoittaa murreilmaisuilla kuorrutetun yleiskielen sijaan murretta järjestelmällisesti, saa epäuskoisia kommentteja, joissa kyseenalaistetaan se, onko tuollaista kielimuotoa olemassakaan vai onko kirjoittaja itse keksinyt sen.

On syytä pitää mielessä, että skottiaksentilla äännetty mutta muilta osin standardienglannin mukainen kielimuoto ei ole varsinaista skotin kieltä. Skottienglannin ja skotin kielen välillä on kylläkin jatkumo ja on vaikea sanoa, mihin kohtaan raja pitäisi tarkkaan ottaen vetää. Joku puhuu vahvempaa skottia, toinen englantia skottiääntämyksellä höystettynä ja kolmas sijoittuu johonkin näitten välimaastoon. Tämä entisestään hämärtää ymmärrystä siitä, että skotti (ainakin vahvimmassa ja perinteisimmässä muodossaan) voitaisiin määritellä kieleksi murteen sijaan. Yhtymäkohtia voi tässäkin etsiä Suomen murteista ja niitten liukenemisesta vaihe vaiheelta yleis(puhe)kieleen, vaikka vahvimmassa ja perinteisimmässä muodossaan monet niistäkin eroavat yleiskielestä siinä määrin, ettei olisi mahdotonta määritellä niitä omiksi kielikseen, ruveta tietoisesti edistämään niitten elinvoimaisuutta ja vaatia niille alueellisesti virallista asemaa yleiskielen rinnalla.

Skotin kielen, kuten myös suomen murteitten, aseman käsittely ansaitsisi kokonaan oman kirjansa. Tässä gaelin kieleen keskittyvässä kirjassa aihetta ei kuitenkaan käsitellä tämän enempää. Halusin kuitenkin nostaa skotin kielen tässä yhteydessä esiin, koska muussa tapauksessa asiaan perehtymätön saattaisi pahimmillaan sotkea gaelin ja skotin kielet toisiinsa. Lisäksi gaelistakin kiinnostuneen on hyvä tietää edes jotain Skotlannin toisen kotoperäisen kielen asemasta. Skotin kielen aseman kehittämiseen voi ajatella liittyvän myös uhkatekijöitä gaelin kielen kannalta. Jo gaelin kehitystyö on pahasti aliresursoitua – mitä jos skotin kieli sitten vielä ilmestyisikin kilpailemaan samoista resursseista?

Vaikka skotti määriteltäisiinkin omaksi kielekseen, se on kuitenkin joka tapauksessa englannin lähisukulaiskieli, joten voidaan ajatella, että sen häviäminen ei tietyssä mielessä olisi yhtä suuri isku kielelliselle monimuotoisuudelle kuin kelttiläisen gaelin kielen häviäminen. Kuitenkin jokainen kielimuoto (oli se sitten läheistä sukua suurelle valtakielelle tai ei) on korvaamaton osa omien puhujiensa ja puhuma-alueensa kulttuuriperintöä ja identiteettiä. Hedelmällisintä olisikin, jos gaelin ja

28

skotin puhujat kävisivät toisiaan vastaan kilpailemisen sijaan yhtenä rintamana murtamaan englannin kielen valta-asemaa. Englanti (ts. englannin yleiskieli) nimittäin ei ainakaan ole Skotlannissa kotoperäinen kieli, eikä taatusti myöskään millään tasolla uhanalainen, joten sillä olisi hyvin varaa luovuttaa anastamiaan käyttöaloja takaisin muille kielille yhdessä jos toisessakin maailman kolkassa!

Ulko-Hebridit

Ulko-Hebridit (gaeliksi *Na h-Eileanan Siar* tai *Na h-Eileanan an Iar*, kirjaimellisesti 'Länsisaaret') on maailman gaelinkielisin kolkka ja joitain Sisä-Hebridien yksittäisiä kuntia lukuun ottamatta ainoa hallinnollinen alue, jolla kielen puhujien osuus ylitti 50 % vuoden 2011 väestönlaskennassa. Puhujien osuus vaihtelee kylittäin – usein siten että syrjäkylillä osuus on suurempi, kun taas liikenteen solmukohtiin sijoittuvissa suurimmissa asutuskeskuksissa pienempi. Paikallishallinto käyttää itsestään gaelinkielistä nimeä *Comhairle nan Eilean Siar*. Tämä on hallinnollisen alueen ainoa virallinen nimimuoto, toisin sanottuna gaelinkielistä nimeä käytetään englanninkielisissäkin yhteyksissä. Vuonna 1997 säädetty laki antaa paikallishallinoille mahdollisuuden itse päättää, käyttävätkö ne virallisena nimenään gaelin- vai englanninkielistä muotoa, mutta toistaiseksi (v. 2021) Ulko-Hebridit on ainoa gaeliin päätynyt alue. Myös kaikilla Ulko-Hebridien kunnilla on nykyään virallinen nimi ainoastaan gaeliksi. Paikallishallinnon verkkosivut ovat osittain kaksikieliset, mutta osa sisällöstä on vain englanniksi.

Maapinta-alaa Ulko-Hebrideiltä löytyy kolmisentuhatta neliökilometriä, siis noin kaksi kertaa niin paljon kuin Ahvenanmaalta kaikki pikkusaaretkin mukaan luettuina. Asukkaita on 27 000. Ulko-Hebridit muodostuvat useista erikokoisista saarista, mutta useat saaret kytkeytyvät toisiinsa siltojen kautta. Matkanteon kannalta olennaista on, että saaret muodostavat kolme sellaista rypästä, joilta ei ole siltoja toisilleen, vaan meri täytyy ylittää lautalla. Ulko-Hebrideille täytyy tietysti alun alkaenkin saapua lautalla (tai lentokoneella). Saariryppäät ja matkanteon kannalta niitten tärkeimmät saaret pohjoisesta etelään luettuna ovat

1) Leòdhas agus na Hearadh (engl. Lewis and Harris)

1a) Leòdhas (engl. Lewis)

1b) Na Hearadh (engl. Harris)

2) Uibhist (engl. Uist)

2a) Beàrnaraigh (engl. Berneray)

2b) Pohjois-Uibhist (gaeliksi Uibhist a Tuath, engl. North Uist)

2c) Beinn na Faoghla (engl. Benbecula)

2d) Etelä-Uibhist (gaeliksi Uibhist a Deas, engl. South Uist)

2e) Èirisgeigh (engl. Eriskay)

3) Barraigh (engl. Barra)

3a) Barraigh (engl. Barra)

3b) Bhatarsaigh (engl. Vatersay)

Koko Hebridien lauttaliikenteestä vastaa Caledonian Macbrayne. Yhtiöllä on (v. 2021) näennäisesti kolmikieliset verkkosivut: englanniksi, gaeliksi ja saksaksi. Kielen voi valita verkkosivujen ylävalikosta ja suora linkki gaelinkieliseen versioon on www.calmac.co.uk/gaelic

Käytännössä gaelinkielisiltä sivuilta ohjataan englanninkieliseen versioon heti, kun yrittää tutkia aikatauluja, ostaa lippuja, tarkastella poikkeustiedotuksia tai lukea

31

vastauksia usein esitettyihin kysymyksiin. Gaeliksi sivuilta löytyy käytännössä vain "blogi", jossa esitellään matkailijoille Hebridien kulttuuria ja palveluita. Blogiinkaan ei tosin vaikuta ilmestyneen mitään uutta yli viiteen vuoteen, sillä edellinen kirjoitus on vuodelta 2015!

Kuulutusten nykytilanteesta en tiedä, mutta matkustaessani vuonna 2014 yhtiön lautoilla automaattisen tervetulokuulutuksen alussa kuultiin lause tai pari gaeliksi, mutta sen jälkeen varsinainen informatiivinen sisältö (kuten seikkaperäiset turvallisuusohjeet) tulivat ainoastaan englanniksi. Turvallisuusohjeet löytyivät myös kirjoitetussa muodossa ainoastaan englanniksi. Sen sijaan laivan eri osiin (autokannelle, kahvilaan jne.) johdattava opastetaulu oli sentään kaksikielinen – ja gaelinkielinen teksti englanninkielistä ylemmällä rivillä ja isokokoisemmalla tekstillä, mikä onkin täysin oikein gaelin kielen puhuma-alueella.

Seinältä löytyi myös plakaatti, jossa laivayhtiö kiitti Skotlannin hallituksen alaista, gaelin kielen käyttöä edistävää instituuttia (Bòrd na Gàidhlig) gaelinkielisten opasteitten rahoittamisesta. Ilmeisesti yksityissektorilla on siis varsin vähän kiinnostusta palvella asiakkaita näitten omalla äidinkielellä edes kielen keskeisimmillä puhuma-alueilla, jos kerran siihen ollaan valmiita vain yrityksen ulkopuolelta tulevan rahoituksen turvin.

Laivan kahvilan juomalistassa otsikot olivat kaksikielisesti (*deoch* 'juoma', *deoch làidir* 'väkijuoma', *greimeagan* 'naposteltavat'), mutta kaikki muu sisältö vain englanniksi. Visuaalisesti lista vaikutti siltä kuin se olisi ensin laadittu englanniksi ja sitten heitetty sekaan pari gaelinkielistä sanaa koristeeksi niihin kohtiin, joissa on "ylimääräistä" tilaa. Lisäksi sanasta *làidir* puuttui à-kirjaimen päältä vokaalin pituutta osoittava aksenttimerkki.

Ulko-Hebrideillä ajaa paikallisbusseja, joitten aikataulut löytyvät paikallishallinnon verkkosivuilta. Aikataulut ovat ainakin toistaiseksi (v. 2021) saatavilla vain englanninkielisinä.

https://www.cne-siar.gov.uk/roads-travel-and-parking/public-transport/bus-services

Saarten matkailua edistävältä verkkosivustolta löytyy gaelinkielinen osio, mutta suurin osa tästäkin sivustosta on tällä hetkellä vain englanniksi.

https://www.visitouterhebrides.co.uk/failte-gu-innse-gall

Co-op ja Tesco -kauppaketjujen liikkeissä on Hebrideillä yleensä tärkeimmät opastekyltit kaksikielisesti. Muualla Skotlannissa gaelin käyttö suurten kauppaketjujen opasteissa ei liene tällä hetkellä (v. 2021) vielä kovin yleistä, mutta Co-opeissa siihen voi törmätä joskus mantereenkin puolella ja siksi kyseistä ketjua kannattaa suosia.

1) Leòdhas agus na Hearadh

Ulko-Hebridien pohjoispäässä sijaitsee nimeltään kaksiosainen Leòdhas agus na Hearadh. Kysymys on yhdestä saaresta, mutta kannaksella toisiinsa yhtyviin pohjois- ja eteläosaan viitataan eri nimillä ikään kuin saaria olisikin kaksi. Pohjoisosa on nimeltään Leòdhas ja eteläosa Na Hearadh. Sekä pinta-alaltaan että väkiluvultaan saari kattaa yli kaksi kolmasosaa koko Ulko-Hebrideistä. Myös saariston suurin paikkakunta ja hallinnollinen keskus Steòrnabhagh (engl. Stornoway) sijaitsee Leòdhasilla.

Steòrnabhaghissa järjestetään vuosittain heinäkuussa skotlantilaisen ja kelttiläisen musiikin festivaali HebCelt. Festivaalin verkkosivuille on kirjattu tapahtuman kielipoliittiset periaatteet. Näihin periaatteisiin kuuluu muun muassa, että henkilökunta vastaa gaelin kielellä tuleviin asiakaspalautteisiin ja kyselyihin gaeliksi ja että kaikki opasteet, liput ja lehtiset ovat festivaalilla kaksikielisiä. Periaatteitten noudattamisesta kerrotaan, että osa niistä on jo käytössä ja loput otetaan käyttöön tulevaisuudessa. Siinä riittääkin tekemistä, sillä ainakin verkkosivuilla lähes kaikki sisältö vaikuttaisi olevan yksikielisesti englanniksi (v. 2021). Itse asiassa kielipoliittisen periaateohjelman lisäksi sivuilta ei juuri muuta sisältöä löydy gaeliksi, vaan kaikki festivaalivierailun kannalta olennainen informaatio esitetään vain englanniksi.

https://www.hebceltfest.com/bothan/policy

Myös taide- ja kulttuurikeskus An Lanntair sijaitsee Steòrnabhaghissa. Keskuksesta löytyy taidegalleria, kahvila ja kauppa ja siellä järjestetään erilaisia tapahtumia. Kielipoliittisessa strategiassa vuodelta 2019 mainitaan muun muassa, että uutta henkilökuntaa palkatessa työpaikkailmoitukset ovat aina kaksikielisiä ja että kaikkiin tehtäviin haettaessa gaelin taitoa pidetään joko "välttämättömänä" tai "ansiona". Silloin kun taitoa pidetään vain "ansiona", halua oppia kieli pidetään joka tapauksessa "välttämättömänä". Työnhakijoilta otetaan vastaan gaelinkielisiä ansioluetteloita. Strategian mukaan keskuksessa vastaan puhelimeen kaksikielisesti siten, että aloitetaan gaeliksi. Opasteitten luvataan olevan kaksikielisiä ja kahvilassa luvataan soittaa taustamusiikkina gaelinkielistä musiikkia ja ylipäänsä skotlantilaista kansanmusiikkia.

34

Mutta mutta... Strategian uskottavuutta ei ainakaan lisää se, että keskuksen verkkosivuilla ei ole lainkaan gaelinkielistä sisältöä – jopa itse kielistrategia on yksikielisesti englanniksi. Tai no jotkin otsikot kielistrategiassa ovat kyllä kaksikielisesti, leipäteksti sitten vain englanniksi. Kahvilan ruokalista on suurimmalta osin vain englanniksi (v. 2021). Gaeliksi ovat ainoastaan sanat *saladan* 'salaatit' ja *gacha latha* 'joka päivä'. Kaiken kukkuraksi nämäkin kohdat ovat kaksikielisiä siten, että englanninkielinen ilmaisu on sijoitettu ennen gaelinkielistä. Toivoa sopii, että strategia vielä jonain päivänä muuttuu kauniista sanoista teoiksi!

http://lanntair.com/wp-content/uploads/2015/08/Gaelic-Policy-2019-.pdf

https://lanntair.com/wp-content/uploads/2020/10/An-Lanntair-CafeBar-Menu.pdf

Leòdhasin merkittävimpiin nähtävyyksiin lukeutuu Calanaisin esihistoriallinen kivikehä (Clachan Chalanais). Tällaisia kivikehiä on saarella useampiakin, mutta Calanais on niistä vaikuttavin. Sen pystykivet ovat usean metrin korkuisia. Aiheesta löytyy suomen kielellä lisätietoa Ylen verkkosivuilla vuonna 2020 julkaistusta artikkelista "Salama osoitti paikan kivikauden mystiselle kivikehälle – tähden muotoinen kärventymä löytyi nykytekniikalla skottisaaren turvekerroksen alta". Anniina Walliuksen kirjoittama artikkeli sisältää myös valokuvan alueelle pystytetystä kaksikielisestä opastetaulusta.

https://yle.fi/uutiset/3-11160696

Steòrnabhaghista on lauttayhteys Skotlannin mantereen puolelle Ulapuliin (engl. Ullapool). An Tairbeartista (engl. Tarbert) kulkee lautta Ùigen (engl. Uig) kylään, ja saaren eteläkärjestä An Tòbista (engl. Leverburgh) on puolestaan yhteys Uibhistin saariryppään pohjoisimmalle saarelle Beàrnaraigh'lle (engl. Berneray).

2) Uibhist

Ulko-Hebridien keskimmäisen saariryppään pääsaaret ovat Pohjois-Uibhist (gaeliksi Uibhist a Tuath) ja Etelä-Uibhist (gaeliksi Uibhist a Deas). Näitten välissä sijaitsee pienempi Beinn na Faoghla, johon sekä Pohjois- että Etelä-Uibhist yhtyvät sillalla. Pohjois-Uibhistin pohjoispuolella on vielä pikkuruinen Beàrnaraigh ja lisäksi Etelä-Uibhistin eteläpuolella vielä pienempi Èirisgeigh. Lisäksi löytyy joitakin pikkusaaria, jotka eivät kuitenkaan ole läpikulkumatkalla matkustettaessa saarten päästä päähän, joten niitä ei tarvitse ottaa huomioon logistisessa mielessä kulkuyhteyksiä suunniteltaessa.

Beàrnaraigh'lta on lauttayhteys pohjoisimman saariryppään Leodhas agus na Hearadhin eteläpäähän An Tòbin kylään. Èirisgeigh'ltä puolestaan pääsee lautalla Ulko-Hebridien eteläisimpään kolkkaan Barraigh'n saarelle. Etelä-Uibhistin Loch Baghasdailista (engl. Lochboisdale) on yhteys Skotlannin mantereelle Malaigin (engl. Mallaig) kylään ja Pohjois-Uibhistin Loch nam Madadhista (engl. Lochmaddy) puolestaan Ùigeen (engl. Uig).

Etelä-Uibhistilla toimii gaelin käyttöä edistävä järjestö Ceolàs. Se järjestää erilaisia gaelinkielisiä kulttuuritapahtumia sekä kieli- ja kansanmusiikkikursseja. Verkkosivut ovat suurimmalta osin kaksikieliset ja niiltä löytyy järjestön kielistrategian lisäksi myös kielen opiskelijoille ja saarella vieraileville neuvoja, missä ja millaisissa tilanteissa kieltä voi päästä käyttämään. Järjestön verkkosivuilta löytyy myös kauppa, jossa on myynnissä joitakin gaelinkielisiä kirjoja, cd-levyjä ja matkamuistoja. Järjestö on mukana vuonna 2020 alkaneessa hankkeessa, jonka tarkoituksena on rakentenaa Dalabrogin (engl. Daliburgh) kylään gaelilainen kulttuurikeskus Cnoc Soilleir. Keskuksen on tarkoitus valmistua keväällä 2021.

https://www.ceolas.co.uk/gd/home-2

https://www.ceolas.co.uk/wp-content/uploads/2018/10/I%C3%B9l-an-Luchd-ionnsachaidh-an-Uibhist-1.pdf

https://www.ceolas.co.uk/wp-content/uploads/2018/10/Ce%C3%B2las-Gaelic-Policy-2017-1.pdf

https://www.facebook.com/ceolasuibhist

Etelä-Uibhist on koko Uibhistin gaelinkielisimpiä alueita. Sen keskiosissa (Na Meadhoinean) gaelin puhujien osuus on 76 % ja Dalabrogissa ja Baghasdailissakin molemmissa 69 %. Èirisgeidh'n saarella puhujia on 73 %. Pohjois-Uibhistilla ja Beinn na Faoghlallakin lukemat ovat pääsääntöisesti yli 50 % ja monin paikoin myös yli 60 %. Vuoden 2011 väestönlaskennassa 50 %:n alle jäivät lähinnä asutuskeskittymät Baile a' Mhanaich (engl. Balivanich) ja Loch nam Madadh.

Loch nam Madadhissa toimii pienimuotoinen kotiseutumuseo ja kulttuurikeskus Taigh Chearsabhagh, jonka verkkosivut ovat suurimmalta osin kaksikieliset. Keskuksessa on myös kahvila ja matkamuistomyymälä. Tuotevalikoimasta löytyy esimerkiksi gaelin- ja englanninkielisiä kirjoja, ja muutkin tuotteet liittyvät jollain tapaa paikalliskulttuuriin.

https://www.taigh-chearsabhagh.org/gd

https://www.facebook.com/TaighChearsabhagh

Pohjois-Uibhistin länsiosissa toimii kulttuurikeskus Ionad Chladadh Chirceaboist (engl. Claddach Kirkibost Centre), jossa järjestetään erilaisia tapahtumia kuten konsertteja. Keskuksessa on myös kahvila. Verkkosivut ovat valitettavasti suurimmalta osin yksikielisesti englanniksi. Ainoastaan etusivulta löytyy pari riviä gaeliakin.

http://www.claddach-kirkibost.org

3) Barraigh

Barraigh on sekä pinta-alaltaan että asukasluvultaan pienin Ulko-Hebridien saariryppäistä. Se muodostuu samannimisestä pääsaaresta ja pääsaaren eteläpuolella sijaitsevasta Bhatarsaigh'sta, jolle pääsee siltaa pitkin. Bhatarsaigh on samalla eteläisin Ulko-Hebridien asutuista saarista. Vuonna 2011 Barraigh'lla ja Bhatarsaigh'lla oli yhteensä 1 200 asukasta ja heistä 62 % puhui gaelia.

Barraigh'lta on lauttayhteys sekä Uibhistin saariryppääseen kuuluvalle Èirisgeigh'lle että Skotlannin mantereen puolelle An t-Òbanin (engl. Oban) kylään. Èirisgeigh'n lautta lähtee Barraigh'n pohjoisosassa sijaitsevasta Aird Mhòrin satamasta, mantereelle menevä lautta puolestaan Barraigh'n eteläosasta Bàgh a' Chaisteilista (engl. Castlebay). Viimeksi mainittu on saaren suurin asutuskeskus ja saanut nimensä läheisellä luodolla sijaitsevasta linnasta (Caisteal Chiosmuil, engl. Kisimul Castle). Vierailijat pääsevät linnaan venekyydillä huhti- ja syyskuun välisenä aikana. Veneen lähtölaiturissa on kaksi opastekylttiä, joista toinen kertoo linnan aukioloajat ja pääsymaksut kaksikielisesti gaeliksi ja englanniksi. Toisessa kyltissä on lautan kulkuun liittyvää tietoa ainoastaan englanniksi.

38

https://www.tripadvisor.fi/Attraction_Review-g675088-d2292884-Reviews-Kisimul_Castle-Isle_of_Barra_Outer_Hebrides_The_Hebrides_Scotland.html#photos;aggregationId=&albumid=&filter=7&ff=401088059

Bàgh a' Chaistealissa sijaitsee myös Barraigh'n "perinnekeskukseksi" nimetty kotiseutumuseo (Comunn Eachdraidh Bharraidh agus Bhatarsaidh, engl. Barra Heritage Centre), mutta jälleen kerran on todettava perinnekeskuksen kielipolitiikan paradoksaalisuus – keskuksen nimeä lukuun ottamatta verkkosivuilta ei löydy sanaakaan paikallista kieltä.

https://www.barraheritagecentre.com

Saaren merkittävimpiin nähtävyyksiin lukeutuu myös sen pohjoispäässä Eòlaigearraidh'ssa (engl. Eoligarry) sijaitseva vanha hautuumaa ja kirkko Cille Bharra sekä useitten brochien jäänteet. Brochit ovat vain Skotlannissa esiintyviä, rautakaudelta peräisin olevia pyöreitä ja tornimaisia rakennuksia.

Sisä-Hebridit

Ulko-Hebridien jälkeen seuraavaksi gaelinkielisimpinä säilyneitä alueita Skotlannissa ovat Sisä-Hebridit. Nimensä mukaisesti ne sijaitsevat lähempänä Skotlannin mannerta kuin Ulko-Hebridit. Tässä käsitellään Sisä-Hebrideistä ainoastaan niitä, jotka ovat kielen kannalta tänä päivänä (v. 2021) kiinnostavimmasta päästä.

1) An t-Eilean Sgitheanach

Saaren nimi kirjoitetaan gaeliksi yleensä Sgitheanach, tosin myös kirjoitusasu Sgiathanach on mahdollinen. Nimi ääntyy suunnilleen /skianə̃h/. Alkuosa *eilean* tarkoittaa saarta ja *an* on määräinen artikkeli. Englanniksi saaren nimi on Isle of Skye.

Sgitheanach on Sisä-Hebrideistä suurin. Asukkaita on kymmenisentuhatta ja pinta-alaa kutakuinkin saman verran kuin Ahvenanmaan maakunnalla. Sgitheanach sijaitsee niin lähellä Skotlannin mannerta, että sille on päässyt vuodesta 1995 lähtien siltaa pitkin. Kulkuyhteyksien kannalta se ei siis enää oikeastaan ole saari, sillä keskuspaikkakunnalta Port Rìghista (engl. Portree) pääsee suoralla bussiyhteydellä Glaschuun (engl. Glasgow) saakka. Sgitheanachin pohjoispäästä Ùigen (engl. Uig) kylästä liikennöi kaksi lauttayhteyttä Ulko-Hebrideille: sekä Leòdhas agus na Hearadhin että Pohjois-Uibhistin saarelle. Ùig sijaitsee Sgitheanachin koillisimmalla niemimaalla Tròndairnisissa (engl. Trotternish). Tämä niemimaa on koko Sgitheanachin gaelinkielisimpänä säilynyttä seutua. Seuraavaksi suurimmat osuudet gaelinkielisiä löytyy lounaisimmalta Slèiten (engl. Sleat) niemimaalta, jolla sijaitsee myös Sabhal Mòr Ostaig – maailman ainoa gaelinkielinen korkeakoulu. Eräissä näillä kahdella niemimaalla sijaitsevissa kunnissa gaelin puhujien osuus ylitti 50 % vuoden 2011 väestönlaskennassa.

http://www.smo.uhi.ac.uk/gd

2) Tiriodh

Joittenkin Sgitheanachin osien jälkeen seuraavaksi gaelinkielisimpänä Sisä-Hebrideistä on säilynyt 650 asukkaan Tiriodh (engl. Tiree). Tosin puhujien osuus laski nopeasti vielä 2000-luvun alussa. Vuonna 2001 gaelia puhui 48 % saaren asukkaista, mutta kymmenen vuotta myöhemmin enää 38 %. Saarella järjestetään vuosittain Tiree Music Festival, mutta valitettavasti ainakaan festivaalin verkkosivuilta ei löydy nimeksikään gaelia. Ei voi muuta kuin toivoa, että edes osa esiintyjistä sentään laulaa gaeliksi!

Tiriodh'iin pääsee lautalla Skotlannin mantereelta An t-Òbanin (engl. Oban) kylästä. Lautta poikkeaa matkan varrella myös Collan (engl. Coll) saarella. An t-Òbanista liikennöi lauttoja myös useille muille Sisä-Hebridien saarille. Joillekin saarille lautat lähtevät Malaigista (engl. Mallaig).

41

Gaelin ääntäminen

Gaelissa kuten myös sen lähisukulaiskielessä iirissä kirjoitusasun suhde ääntämykseen on selvästi vaikeammin hahmotettavissa kuin vaikkapa niitten hieman kaukaisemmassa sukulaisessa kymrissä. Onneksi se ei kuitenkaan ole ihan yhtä vaikeaa kuin englannissa, jossa mitään (edes monimutkaista) yleispätevää säännöstöä ei ole olemassa, vaan jokaisen yksittäisen sanan kohdalla täytyy opetella ääntämys ja kirjoitusasu erikseen ulkoa!

Gaelia ja iiriä kirjoitettaessa keskeisenä periaatteena on, että sanan sisällä keraketta (konsonanttia) tai kerakeyhtymää voivat ympäröidä vain joko takaääntiöt (takavokaalit) tai etuääntiöt (etuvokaalit). Takaääntiöitä ovat *a*, *o* ja *u*; etuääntiöitä taas *e* ja *i*. Esimerkiksi sana *oifis* 'toimisto' ääntyy gaelissa /ofiš/, mutta sanaa ei voida kirjoittaa *ofis, koska silloin *f*:ää edeltäisi takaääntiö *o*, mutta seuraisi etuääntiö *i*. Siksi kirjoitusasuun on lisättävä ylimääräinen ääntiö, vaikkei sellaista kuulu ääntämyksessä. Kun kirjoitetaan *oifis*, niin *f*:ää sekä edeltää että seuraa etuääntiö *i*, kuten sääntö edellyttää.

Ylimääräisellä ääntiöllä saattaa kuitenkin olla vaikutusta sitä seuraavan tai edeltävän kerakkeen ääntämykseen. Jotkin kerakkeet ääntyvät nimittäin eri tavalla riippuen siitä, ympäröivätkö niitä etu- vai takaääntiöt. Esimerkiksi *s* ääntyy "tavallisena" suomalaisena ässänä, jos sitä ympäröivät takaääntiöt. Sen sijaan etuääntiöitten ympäröimä *s* ääntyykin suhuässänä. Sanassa *oifis* ässää edeltää etuääntiö *i*, joten se ääntyy suhuässänä. Sanassa *sailead* 'salaatti' ässää seuraa takaääntiö *a*, joten *s* ääntyy tavallisena ässänä: /salət/

Kuten edeltävästä esimerkistä ilmenee, sanan jälkitavuissa (siis muualla kuin ensimmäisessä tavussa) *ea* redusoituu suomen ö:tä muistuttavaksi neutraaliääntiöksi (neutraalivokaaliksi), jota merkitään fonologisessa transkriptiossa /ə/:llä.

Jotkin ääntiöt eivät äänny sinnepäinkään kuin suomenkielinen voisi kirjoitusasun perusteella kuvitella. Kirjainyhdistelmä *ao* merkitsee illabiaalista suppeaa takavokaalia /ɯ/. Se muistuttaa venäjän ns. taka-*i*:tä, joka venäjäksi kirjoitetaan ы. Äänne esiintyy esimerkiksi sanassa *caora* 'lammas' ja ääntyy aina pitkänä: /kʰɯːrə/

Useimmissa tapauksissa pitkä ääntiö merkitään gaelissa kuitenkin graavilla aksentilla (à, è, ì, ò, ù). Joissain lähteissä saatetaan käytetään eräissä sanoissa myös toiseen suuntaan kallellaan olevaa akuuttia aksenttia (á, é, ó), mutta nykyään yleisin tapa on kirjoittaa kaikki aksentilliset sanat graavilla aksentilla.

Ääntiöistä muodostuvia kirjainyhdistelmiä on paljon ja kaikkien niitten ääntämyksen opettelu kerralla saattaa tuntua työläältä. Oleellista on kuitenkin sisäistää edellä esitetty sääntö etu- ja takaääntiöitten "parituskiellosta", sillä se auttaa hahmottamaan, miksi ääntiöitä esiintyy kirjoitusasussa paljon enemmän kuin äännettäessä. Tässä ei käsitellä kaikkia mahdollisia kirjainyhdistelmiä, vaan ääntämisen yksityiskohtia kannattaa opetella sitä mukaa kuin uusia sanoja ja kirjainyhdistelmiä tulee vastaan. Ääntämystä voi opiskella myös muista gaelin oppimateriaaleista, mutta englanniksi kirjoitettuihin materiaaleihin sisältyy vaaran paikka. Englanninkieliselle lukijalle voidaan selittää esimerkiksi, että *ì* ääntyy kuten *ee* englannin sanassa *cheese*. Suomenkielisen opiskelijan kannalta ääntämyksen selittäminen englannin kautta tekee asiasta usein vielä entistäkin sekavampaa, sillä gaelin *ì* ääntyy tietysti kuten suomen *ii*, eikä kuten suomen *ee*!

Kirjaimet *b*, *d* ja *g* ääntyvät gaelissa soinnittomina vastineinaan eli /p/:nä, /t/:nä ja /k/:na, joskaan niitten ääntäminen soinnillisinakaan ei haitanne ymmärrettävyyttä. Kirjaimet *p*, *t* ja *c* ääntyvät aina aspiroituina (sanan alussa) tai preaspiroituina (sanan sisällä) eli niitten yhteydessä ääntyy pieni h:mainen äänne. Tämä on tärkeä muistaa, sillä aspiroimattomana ääntäminen sekoittaa ne *b*:hen, *d*:hen ja *g*:hen, jolloin sanan merkityskin saattaa muuttua. Gaelissa ei käytetä lainkaan *k*-kirjainta, vaan lainasanoissakin se korvataan *c*:llä. Etuääntiön ympäröiminä *c*, *g*, *r*, *l* ja *n* liudentuvat eli niitten perässä kuuluu pieni *j*:mäinen äänne. Myös *t* ja *d* liudentuvat – ja vielä voimakkaammin niin, että lopputulos muistuttaa /tš/:ää ja /ds/:ää.

bàta /paːhtə/ 'vene'

beag /pek/ 'pieni'

dona /tɔnə/ 'huono, paha'

dè /dsee/ 'mitä'

gàire /kaːrʲə/ 'nauru'

geata /kʲɛhtə/ 'portti'

putan /pʰuhtan/ 'nappi'

piobar /pʰipər/ 'pippuri'

tuath /tʰuə/ 'pohjoinen'

tioram /tširəm/ 'märkä'

cupa /kʰuhpə/ 'kuppi'

cearc /kʰʲɛrhk/ 'kana'

Kerakeyhtymillä on usein oma äännearvonsa. Esimerkiksi *th* ääntyy sanan alussa pelkkänä /h/:nä. Sanan sisällä ja lopussa se jää joissain (mutta ei kaikissa) sanoissa kokonaan ääntymättä, kuten edellä esitetyssä esimerkkisanassa *tuath* 'pohjoinen'. Gaelissa ei käytetä lainkaan *v*-kirjainta, sen sijaan *bh* ja *mh* ääntyvätkin /v/:nä. Kerakeyhtymiä, joissa toista keraketta seuraa kirjoitusasussa *h*, käsitellään tarkemmin seuraavassa luvussa pehmeäksi mutaatioksi kutsutun kielioppi-ilmiön yhteydessä.

Gaelissa esiintyy samanlainen ilmiö kuin useissa suomenkin murteissa. Tiettyjen kerakeyhtymien väliin nimittäin ilmestyy ääntämyksessä "ylimääräinen" ääntiö (vokaali). Esimerkiksi Skotlannin gaelinkielinen nimi *Alba* ääntyy /alapə/. Tätä voisi verrata siihen, miten sanat *halpa* ja *salpa* ääntyvät meillä joissain murteissa /halapa/ ja /salapa/. Gaelissa ylimääräinen ääntiö tulee tosin useisiin sellaisiinkin kerakeyhtymiin, joissa sitä ei suomen murteissa tavata. Kaiken kaikkiaan sääntö koskee yhtymiä, joissa *l*:ää, *n*:ää tai *r*:ää seuraa kirjoitusasussa *b*, *bh*, *ch*, *g*, *gh*, *m* tai *mh*. Lisäksi se koskee yhtymiä, joissa *m*:ää seuraa *ch*, *l*, *r* tai *s*.

falbh /falav/ 'lähteä'

tarbh /tʰarav/ 'sonni'

dorcha /tɔrɔȟə/ 'pimeä, tumma'

airgead /ɛrʲɛkʲət/ 'raha, hopea'

gorm /kɔrɔm/ 'sininen'

eanchainn /ɛnɛȟɪnʲ/ 'aivo(t)'

ainm /ɛnɛm/ 'nimi'

aimsir /ɛmɛšɪrʲ/ 'sää'

Gaelin ja iirin yhtäläisyyksiä

Tämä luku johdattaa yhtä aikaa sekä iirin että skotlanningaelin alkeisiin. Kielet ovat läheistä sukua keskenään, joten niissä on runsaasti yhteistä sanastoa ja kielioppia. Aivan identtisiä sukulaiskielet eivät tietenkään ole, mutta tähän lukuun on tietoisesti valittu esiteltäväksi sellaista sanastoa ja kielioppia, joka molemmissa kielissä on samaa. Kaikki luvussa esitetty koskee siis aina molempia kieliä, ellei erikseen toisin mainita.

Pyrkimys johdattaa samalla molempien kielten alkeisiin tietysti rajoittaa sitä, mitä sanoja tai kielioppi-ilmiöitä luvussa voidaan käsitellä. Toisaalta minkä tahansa oppimateriaalin laadinnassa on tehtävä valintoja sen suhteen, mitä asioita materiaaliin voidaan mahduttaa, eikä missään oppimateriaalissa voida koskaan kerralla esitellä kielen koko sanastoa ja kielioppia. Jokaisen materiaalin tekijä valitsee esiteltävät asiat omien tarkoitusperiensä ja kohderyhmän mukaan. Tämän luvun tarkoitusperänä on niin sanotusti tappaa kaksi kärpästä yhdellä iskulla. Lukija oppii kertaheitolla kahden kielen alkeita ja voi sitten vasta myöhemmin valita, kumpaan kieleen erikoistuu! Toisaalta vaikka opintoja ei jatkaisikaan koskaan tätä lukua pitemmälle, pienestäkin kielitaidosta saattaa olla iloa, jos esimerkiksi matkustelee kiel(t)en puhuma-alueella – ja mikäs sen parempaa, jos pystyy hyödyntämään samoja taitojaan kahdenkin kielen puhuma-alueella!

Kaikissa kelttiläisissä kielissä esiintyy ns. mutaatioita eli sanan alkukerakkeen (konsonantin) muutoksia. Mutaation laukaisee tietty kielioppirakenne tai edeltävä sana. Iirissä tunnetaan kaksi eri mutaatiota, joihin viitataan iiriksi termein *séimhiú* ja *urú*. Näistä ainoastaan ensin mainittu ilmiö esiintyy myös skotlanningaelissa. Kyseistä iirille ja skotlanningaelille yhteistä mutaatiota kutsutaan tässä oppimateriaalissa suomeksi nimellä *pehmeä mutaatio*, mutta muissa materiaaleissa samaan ilmiöön saattaa törmätä myös nimellä *lenitio*.

Pehmeä mutaatio aiheuttaa molemmissa kielissä, että sanan kirjoitusasuun lisätään alkukerakkeen perään *h*. Muutos koskee ainoastaan alla lueteltuja kerakkeita, toisin sanottuna *h*, *l*, *n* ja *r* jäävät ilmiön ulkopuolelle kuten myös seuraavat *s*:llä alkavat kerakeyhtymät: *sc* (iirissä) ~ *sg* (skotlanningaelissa), *sm*, *sp*, *st*.

p --> ph (ääntyy f:nä)

t --> th (ääntyy useimmiten h:na)

c --> ch (ääntyy a:n, o:n ja u:n edellä kurkku-h̆:na ja e:n ja i:n edellä tavallisena h:na)

b --> bh (ääntyy v:nä)

d --> dh (ääntyy a:n, o:n tai u:n edellä heikkona g:nä (!) ja e:n tai i:n edellä j:nä)

g --> gh (ääntyy samoin kuin edellä kuvattu dh)

m --> mh (ääntyy v:nä)

s --> sh (ääntyy h:na)

f --> fh (ääntyy useimmiten mykkänä)

47

Ääntämys ei useinkaan vastaa sitä, mitä suomenkieliselle tulisi kirjaimesta tai kirjainyhdistelmästä ensiksi mieleen. Esimerkiksi *bh* ja *mh* ääntyvätkin *v*:nä (*v*-kirjain puolestaan ei kuulu alun perin lainkaan näitten kielten kirjaimikkoon). Kirjainyhdistelmä *fh* on joitain poikkeussanoja lukuun ottamatta täysin mykkä eli sen paikalla ei äännetä mitään. Yhdistelmät *th* ja *sh* ääntyvät yleensä pelkkänä *h*:na. Sen sijaan yksittäin (ilman seuraavaa *h*:ta) esiintyvä *s* ääntyy *e*:n tai *i*:n edellä suhuässänä. Yksittäinen *c* ääntyy aina *k*:na (ei siis koskaan esimerkiksi *s*:nä tai *ts*:nä kuten joissain toisissa kielissä).

Mutaation aiheuttaa tavallisesti sitä edeltävä sana, esimerkiksi tietty prepositio tai pronomini. Tällaisia sanoja ovat esimerkiksi possessiivipronominit *mo* 'minun' ja *do* 'sinun'.

ceann 'pää'

mo cheann 'pääni'

do cheann 'pääsi'

Ääntiöllä eli vokaalilla alkavan sanan edellä *mo* ja *do* lyhenevät muotoon *m'* ja *d'*. Iirissä heittomerkillinen muoto kirjoitetaan yhteen sitä seuraavan sanan kanssa, mutta skotlanningaelissa käytetään yleensä välilyöntiä.

athair 'isä'

m'athair 'isäni' (I)

m' athair 'isäni' (S)

Jos sanan alkuun jää mutaation myötä mykkä *fh*, jota seuraa ääntiö, sana käyttäytyy tällöin ääntiöalkuisen sanan tavoin ja saa eteensä possessiivipronominin lyhentyneen muodon. Jos *fh*:ta seuraa kerake, sana voi käyttäytyä myös kerakealkuisen sanan tavoin.

Tehtävä 1: Muodosta seuraavista sanoista ilmaukset *mo...* ja *do...* Huomaa, että vain osassa kerakealkuisista sanoista toteutuu mutaatio. Sanoista annetaan niitten kieliopillinen suku vastaisuuden varalle, mutta tämän tehtävän ratkaisuun ne eivät vaikuta.

abhainn (f.) 'joki'

aghaidh (f.) 'kasvot'

beatha (f.) 'elämä'

caora (f.) 'lammas'

cluas (f.) 'korva'

craiceann (m.) 'iho'

deoch (f.) 'juoma'

eas (m.) 'koski, vesiputous'

fuil (f.) 'veri'

gleann (m.) 'laakso'

leabhar (m.) 'kirja'

muc (f.) 'sika'

nathair (f.) 'käärme'

obair (f.) 'työ'

peann (m.) '(kuulakärki)kynä'

reithe (m.) 'pässi'

samhradh (m.) 'kesä'

sruth (m.) 'virta'

tarbh (m.) 'sonni'

uan (m.) 'karitsa'

Nimisanat (substantiivit) jakautuvat kahteen kieliopilliseen sukuun: maskuliineihin ja feminiineihin. Suku vaikuttaa joissain (mutta ei kaikissa) rakenteissa mutaation esiintymiseen. Esimerkiksi attribuuttina oleva laatusana (adjektiivi) mutatoituu, jos se määrittää yksiköllistä feminiinisubstantiivia. Sen sijaan maskuliinisubstantiivia määrittävä laatusana ei mutatoidu, kuten ei myöskään lauseessa predikatiivina toimiva laatusana. Joitain poikkeuksia lukuun ottamatta laatusana sijoittuu attribuuttina nimisanan perään.

loch (m.) 'järvi' --> *loch beag* 'pieni järvi'

luch (f.) 'hiiri' --> *luch bheag* 'pieni hiiri'

<u>Tehtävä 2</u>: Yhdistä tehtävässä 1 opitut nimisanat laatusanoihin ohjeen mukaisesti.

beag 'pieni' --> _____ 'pieni karitsa'

50

bodhar 'kuuro' --> _____ 'kuuro korva'

creagach 'kivinen' --> _____ 'kivinen koski'

cruinn 'pyöreä' --> _____ 'pyöreät kasvot'

dall 'sokea' --> _____ 'sokea sonni'

daor 'kallis' --> _____ 'kallis pässi'

domhain 'syvä' --> _____ 'syvä joki'

donn 'ruskea' --> _____ 'ruskea kynä'

dorcha 'pimeä' --> _____ 'pimeä laakso'

dubh 'musta' --> _____ 'musta lammas'

fada 'pitkä' --> _____ 'pitkä käärme'

fliuch 'märkä' --> _____ 'märkä kesä'

fuar 'kylmä' --> _____ 'kylmä juoma'

glan 'puhdas' --> _____ 'puhdas iho'

gorm 'sininen' --> _____ 'sininen veri'

liath 'harmaa' --> _____ 'harmaa sika'

mall 'hidas' --> _____ 'hidas virta'

salach 'likainen' --> _____ 'likainen työ'

saor 'vapaa' --> _____ 'vapaa elämä'

trom 'raskas' --> _____ 'raskas kirja'

"Tämä on..."

Kun demonstratiivipronomini *seo* 'tämä, nämä' tai *sin* 'tuo, se, nuo, ne' sijoitetaan nimisanan (substantiivin) eteen, saadaan lauseita, joita voi käyttää esiteltäessä esimerkiksi toisia ihmisiä.

teaghlach (m.) 'perhe' --> *Seo mo theaghlach.* 'Tämä on perheeni.'

clann (f.) 'lapset' --> *Sin mo chlann.* 'Nuo ovat lapseni.'

Yksiköllinen sana *clann* tarkoittaa kollektiivisesti kaikkia (jonkun omia) lapsia ja siihen palautuu myös lainasana *klaani*.

Tehtävä 3: Käännä seuraavat lauseet aiemmin oppimiesi ja tehtävän lopussa annettavien uusien sanojen avulla.

1) Tämä on minun kirjani. 2) Tuo on sinun kynäsi. 3) Tämä on sinun juomasi. 4) Tuo on minun laaksoni. 5) Tämä on minun kyläni. 6) Tuo on minun kissani. 7) Tuo on sinun kanasi. 8) Tämä on sinun kukkosi.

baile (m.) 'kylä'

cat (m.) 'kissa'

cearc (f.) 'kana'

coileach (m.) 'kukko'

Nimisanoista (substantiiveista) on opeteltava erikseen ulkoa neljä muotoa (yksikön ja monikon nominatiivi- ja genetiivimuodot), sillä vain "perusmuotoa" (eli yksikön nominatiivia) katsomalla ei voi yksittäisen sanan kohdalla yleensä tietää, miten muut muodot muodostetaan. Jotkin sanat taipuvat päätteitten avulla, joillakin taas tapahtuu muutoksia vartalossa. Useat iirin ja skotlanningaelin yhteiset sanat taipuvat samansuuntaisella tavalla, mutta hyvin harvoin muodot ovat kirjoitusasultaan täysin identtiset. Muutamia tällaisia sanoja kuitenkin on. Näille sanoille on yhteistä myös, että niitten yksikön nominatiivimuoto on aina sama kuin monikon genetiivimuoto ja toisaalta monikon nominatiivimuoto sama kuin yksikön genetiivimuoto. Sääntö ei koske kaikkia iirin ja skotlanningaelin sanoja, mutta se koskee kaikkia niitä sanoja, joissa muodot ovat identtisiä molemmissa kielissä.

ceann (m.) 'pää, päiden' --> *cinn* 'päät, pään'

peann (m.) 'kynä, kynien' --> *pinn* 'kynät, kynän'

fear (m.) 'mies, miesten' --> *fir* 'miehet, miehen'

mac (m.) '(jonkun) poika, poikien' --> *mic* '(jonkun) pojat, pojan'

marbh (m.) 'kuollut, kuolleiden' --> *mairbh* 'kuolleet, kuolleen'

tarbh (m.) 'sonni, sonnien' --> *tairbh* 'sonnit, sonnin'

uan (m.) 'karitsa, karitsojen' --> *uain* 'karitsat, karitsan'

cat (m.) 'kissa, kissojen' --> *cait* 'kissat, kissan'

arm (m.) 'ase, aseiden' --> *airm* 'aseet, aseen'

saor (m). 'puuseppä, puuseppien' --> *saoir* 'puusepät, puusepän'

Kuten esimerkit osoittavat, iirissä ja skotlanningaelissa kirjoitusasultaan täysin yhteneviä taivutusmuotoja löytyy vain yksitavuisista sanoista ja lisäksi tällaiset sanat ovat aina maskuliineja. Sanojen taivutuksesta on löydettävissä jotain säännönmukaisuuttakin – useissa yksitavuisissa sanoissa taivutusmuoto eroaa perusmuodosta vain siten, että loppukerakkeen (konsonantin) edelle on lisätty kirjoitusasuun *i*. Sanoissa *ceann*, *peann*, *fear* ja *mac* tämä *i* vielä korvaa kokonaan yksikkömuodon ääntiöt (vokaalit). Sääntö ei ole kuitenkaan aukoton, sillä esimerkiksi sanan *gleann* (m.) 'laakso' monikon nominatiivi ja yksikön genetiivi on kyllä skotlanningaelissa *glinn*, mutta iirissä monikon nominatiivi onkin *gleannta* ja yksikön genetiivi *gleanna*.

Tehtävien vastaukset

(S) = gaeli (skotlanningaeli)

(I) = iiri (irlanningaeli)

Tehtävä 1: m' abhainn (S), m'abhainn (I), m' aghaidh (S), m'aghaidh (I), mo bheatha, mo chaora, mo chluas, mo chraiceann, mo dheoch, m' eas (S), m'eas (I), m' fhuil (S), m'fhuil (I), mo ghleann, mo leabhar, mo mhuc, mo nathair, m' obair (S), m'obair (I), mo pheann, mo reithe, mo shamhradh, mo shruth, mo tharbh, m' uan (S), m'uan (I)

d' abhainn (S), d'abhainn (I), d' aghaidh (S), d'aghaidh (I), do bheatha, do chaora, do chluas, do chraiceann, do dheoch, d' eas (S), d'eas (I), d' fhuil (S), d'fhuil (I), do ghleann, do leabhar, do mhuc, do nathair, d' obair (S), d'obair (I), do pheann, do reithe, do shamhradh, do shruth, do tharbh, d' uan (S), d'uan (I)

Tehtävä 2: uan beag, cluas bhodhar, eas creagach, aghaidh chruinn, tarbh dall, reithe, daor, abhainn dhomhain, peann donn, gleann dorcha, caora dhubh, nathair fhada, samhradh fliuch, deoch fhuar, craiceann glan, fuil ghorm, muc liath, sruth mall, obair shalach, beatha shaor, leabhar trom

Tehtävä 3: 1) Seo mo leabhar. 2) Sin do pheann. 3) Seo do dheoch. 4) Sin mo ghleann. 5) Seo mo bhaile. 6) Sin mo chat. 7) Sin do chearc. 8) Seo do choileach.

aalto = tonn (S, I)

aamu = madainn (S), maidin (I)

aivo(t) = eanchainn (S), inchinn (I)

alas = síos (S, I)

alaston = lom (S, I)

alhaalla = shíos (S), thíos (I)

ankerias = easgann (S), eascann (I)

apina = muncaidh (S), moncaí (I)

appelsiini = orainds (S), oráiste (I)

ase = arm (S, I)

asema = stèisean (S), stáisúin (I)

aurinko = grian (S, I)

avain = iuchair (S), eochair (I)

eilen = an-dè (S), inné (I)

eläintarha = sù (S), zú (I)

elämä = beatha (S, I)

elävä = beò (S), beo (I)

esiliina = aparan (S), naprún (I)

haarukka = forca (S), forc (I)

hame = sgiort (S), sciorta (I)

hammas = fiacaill (S), fiacail (I)

hanhi = gèadh (S), gé (I)

harava = ràcan (S), ráca (I)

harmaa = liath (S, I)

hauta = uaigh (S, I)

heikko = lag (S, I)

heikko = fann (S, I)

herkullinen = blasda (S), blasta (I)

hidas = mall (S, I)

hiiri = luch (S, I)

hiki = fallas (S), allas (I)

hirveä = uabhasach (S), uafásach (I)

hirvieläin = fiadh (S), fia (I)

hiukset = falt (S), folt (I)

hopea = airgead (S, I)

huippu = mullach (S, I)

huivi = sgarfa (S), scairf (I)

hunaja = mil (S, I)

huomenna = a-màireach (S), amárach (I)

hylje = ròn (S), rón (I)

hyvä = math (S), maith (I)

hämähäkki = damhan-allaidh (S), damhán alla (I)

häntä = earball (S), eireaball (I)

häät = banais (S), bainis (I)

ihminen = duine (S, I)

iho = craiceann (S, I)

ikkuna = uinneag (S), fuinneog (I)

ikä = aois (S, I)

ilman = gun (S), gan (I)

iso = mòr (S), mór (I)

isä = athair (S, I)

itse = fhèin (S), féin (I)

ja = agus

jaarli = iarla (S, I)

jakkara = stòl (S), stól (I)

jalava = leamhan (S), leamhán (I)

jalava = ailm (S, I)

jalka = cos (S, I)

jauhe = pùdar (S), púdar (I)

joki = abhainn (S, I)

joutsen = eala (S, I)

juoma = deoch (S, I)

jälki = lorg (S, I)

jälleen = a-rithist (S), arís (I)

järvi = loch (S, I)

kala = iasg (S), iasc (I)

kalju = maol (S, I)

kallis = daor (S, I)

kamala = uabhasach (S), uafásach (I)

kampa = cìr (S), cíor (I)

kana = cearc (S, I)

kaneli = caineal (S), cainéal (I)

kanerva = fraoch (S, I)

karitsa = uan (S, I)

kartta = mapa (S, I)

kasa = cruach (S, I)

kasvot = aghaidh (S, I)

katu = sráid (I), sràid (S)

kauhea = uabhasach (S), uafásach (I)

keittiö = cidsin (S), cistin (I)

kello = cleoc (S), clog (I)

keltainen = buidhe (S), buí (I)

kenkä = bròg (S), bróg (I)

kerma = uachdar (S), uachtar (I)

keskus = ionad (S, I)

kesä = samhradh (S, I)

kettu = sionnach (S, I)

keuhko = sgamhan (S), scamhóg (I)

kevyt = aotrom (S), éadrom (I)

kevät = earrach (S, I)

kieli (ruumiinosa) = teanga (S, I)

kirja = leabhar (S, I)

kirjain = litir (S, I)

kirjasto = leabhar-lann (S), leabharlann (I)

kirje = litir (S, I)

kirkko = eaglais (S, I)

kissa = cat (S, I)

kivinen = creagach (S, I)

60

koivu = beith (S, I)

kone = inneal (S), inneall (I)

korkea = àrd (S), ard (I)

korppi = fitheach (S), fiach (I)

korva = cluas (S, I)

koski = eas (S, I)

kotka = iolaire (S), iolar (I)

koulu = sgoil (S), scoil (I)

kova = cruaidh (S), crua (I)

kuiva = tioram (S), tirim (I)

kukko = coileach (S, I)

kulmakarvat = mala (S, I)

kulta = òr (S), ór (I)

kuningas = rìgh (S), rí (I)

kuningatar = bànrigh (S), banríon (I)

kuollut = marbh (S, I)

kuppi = cupa (S), cupán (I)

kuu (taivaankappale) = gealach (S, I)

kuukausi = mìos (S), mí (I)

kuuma = teth (S), te (I)

kuuro = bodhar (S, I)

kylki = aisean (S), easna (I)

kylmä = fuar (S, I)

kylä = baile (S, I)

kynttilä = coinneal (S, I)

kynä = peann (S, I)

kyynärpää = uileann (S), uillinn (I)

kärpänen = cuileag (S), cuileog (I)

käsi = làmh (S), lámh (I)

käsine = miotag (S), miotóg (I)

käärme = nathair (S, I)

köyhä = bochd (S), bocht (I)

laaja = farsaing (S), fairsing (I)

laakso = gleann (S, I)

laiva = long (S, I)

lammas = caora (S, I)

lapio = spaid (S), spád (I)

lapset (jonkun) = clann (S, I)

lapsi = pàiste (S), páiste (I)

lasi = glainne (S), gloine (I)

lattia = ùrlar (S), urlár (I)

lattiaharja = sguab (S), scuab (I)

laulu = òran (S), amhrán (I)

lehmä = bò (S), bó (I)

lehti (puun) = duilleag (S), duilleog (I)

leipä = aran (S), arán (I)

--> täytetty leipä = ceapaire (S, I)

lepakko = ialtag (S), ialtóg (I)

leuka = smig (S, I)

liekki = lasair (S, I)

liha = feòil (S), feoil (I)

lihava = reamhar (S), ramhar (I)

liian = ro (S), ró (I)

likainen = salach (S, I)

lintu = eun (S), éan (I)

lippu (symboli) = bratach (S, I)

lisää = tuilleadh (S, I)

lokki = faoileag (S), faoileán (I)

lumi = sneachda (S), sneacha (I)

luola = uamh (S), uaimh (I)

lusikka = spàin (S), spúnóg (I)

luu = cnàimh (S), cnámh (I)

maa(perä) = talamh (S, I)

maailma = saoghal (S), saol (I)

maito = bainne (S, I)

majakka = taigh-solais (S), teach solais (I)

majava = bìobhair (S), béabhar (I)

makea = milis (S, I)

maksa = adha (S), ae (I)

marjakuusi = iubhar (S), iúr (I)

matala = ìseal (S), íseal (I)

maukas = blasda (S), blasta (I)

mehu = sùgh (S), sú (I)

meri = muir (S, I)

merilevä = feamainn (S, I)

merkitys = ciall (S, I)

mies = fear (S, I)

muna = ugh (S), ubh (I)

musta = dubh (S, I)

mustarastas = lon-dubh (S), lon dubh (I)

64

muurahainen = seangan (S), seangán (I)

mylly = muileann (S, I)

myrkky = nimh (S, I)

mäki = cnoc (S, I)

mänty = giuthas (S), giúis (I)

märkä = fliuch (S, I)

mäyrä = broc (S, I)

naama = aghaidh (S, I)

nainen = bean (S, I)

naula = tàirng (S), tairne (I)

nenä = sròn (S), srón (I)

nimi = ainm (S, I)

nokka (linnun) = gob (S, I)

nuori = òg (S), óg (I)

nälkä = acras (S), ocras (I)

ohjelma = clàr (S), clár (I)

oikea (puoli) = deas (S), deis (I)

olkapää = gualainn (S, I)

omena = ubhal (S), úll (I)

orava = feòrag (S), iora (I)

osoite = seòladh (S), seoladh (I)

osuus = cuid (S, I)

ovi = doras (S, I)

paita = lèine (S), léine (I)

paljas = lom (S, I)

paljon = mòran (S), mórán (I)

papu = pònair (S), pónaire (I)

parta = feusag (S), féasóg (I)

peili = sgàthan (S), scáthán (I)

perhe = teaghlach (S, I)

pesä = nead (S, I)

peukalo = òrdag (S), ordóg (I)

pieni = beag (S, I)

pimeä = dorcha (S, I)

pitkä = fada (S, I)

pitkä (ihminen) = àrd (S), ard (I)

pohja = bonn (S), bun (I)

poika (jonkun) = mac (S, I)

polvi = glùin (S), glúin (I)

portaikko = staidhre (S), staighre (I)

portti = geata (S, I)

poski = lethcheann (S), leiceann (I)

puoli (sivu) = taobh (S, I)

puhdas = glan (S, I)

puuseppä = saor (S, I)

pyöreä = cruinn (S, I)

pyörä = roth (S, I)

pähkinä = cnò (S), cnó (I)

päivä = latha (S), lá (I)

pässi = reithe (S, I)

pää = ceann (S, I)

pöytä = bòrd (S), bord (I)

raha = airgead (S, I)

ranta = tràigh (S), trá (I)

raskas = trom (S, I)

ruma = grànnda (S), gránna (I)

ruoho = feur (S), féar (I)

ruoka = biadh (S), bia (I)

ruskea = donn (S, I)

ruumis = corp (S, I)

saha = sàbh (S), sábh (I)

sairas = tinn (S, I)

salmi = caolas (S, I)

sana = facal (S), focal (I)

sanakirja = faclair (S), foclóir (I)

sarvellinen = adharcach (S, I)

sarvi = adharc (S, I)

savu = toit (S, I)

selkä = druim (S), droim (I)

setä = uncail (S, I)

sielu = anam (S, I)

siemen = sìol (S), síol (I)

siipi = sgiath (S), sciathán (I)

sika = muc (S, I)

sileä = sleamhainn (S), sleamhain (I)

šillinki = sgillinn (S), scilling (I)

silmä = sùil (S), súil (I)

silta = drochaid (S), droichead (I)

sininen = gorm (S, I)

sisälle = a-steach (S), isteach (I)

sisällä = a-staigh (S), istigh (I)

sokea = dall (S, I)

sokeri = siùcar (S), siúcra (I)

sonni = tarbh (S, I)

sormi = meur (S), méar (I)

sormus = fàinne (S), fáinne (I)

sumu = ceò (S), ceo (I)

suola = salann (S, I)

surullinen = brònach (S), brónach (I)

suu = beul (S), béal (I)

suuri = mòr (S), mór (I)

sydän = cridhe (S), croí (I)

syksy = foghar (S), fómhar (I)

syvä = domhain (S, I)

sänky = leabaidh (S), leaba (I)

sää = aimsir (S, I)

taas = a-rithist (S), arís (I)

takapuoli = tòn (S), tóin (I)

talo = taigh (S), teach (I)

talvi = geamhradh (S), geimhreadh (I)

tamma = làir (S), láir (I)

tammi = darach (S), dair (I)

tihku(sade) = ciùthran (S), ceobhrán (I)

toinen (järjestyksessä) = dàrna (S), dara (I)

toinen (muu) = eile (S, I)

torppa = croit (S, I)

tukka = falt (S), folt (I)

tuli = teine (S), tine (I)

tulva = tuil (S), tuile (I)

tumma = dorcha (S, I)

tunti = uair (S, I)

tuo = sin (S, I)

tuo (tuolla kaukana) = siud (S), siúd (I)

tuoli = cathair (S), cathaoir (I)

tuolla = an-sin (S), ansin (I)

tuolla (kaukana) = an-siud (S), ansiúd (I)

tuomari = britheamh (S), breitheamh (I)

turve = mòine (S), móin (I)

tuuli = gaoth (S, I)

tyhjä = falamh (S), folamh (I)

70

tytär = nighean (S), iníon (I)

työ = obair (S, I)

tämä = seo (S, I)

tänä iltana = a-nochd (S), anocht (I)

tänään = an-diugh (S), inniu (I)

täti = antaidh (S), aint (I)

täysi = làn (S), lán (I)

täällä = an-seo (I), anseo (I)

törmä (joen) = bruach (S, I)

ulkona = a-muigh (S), amuigh (I)

ulos = a-mach (S), amach (I)

valo = solas (S, I)

vanha = seann (S), sean (I)

vanha = aosta (S, I)

vapaa = saor (S, I)

varma = cinnteach (S), cinnte (I)

varsa = searrach (S, I)

veitsi = sgian (S), scian (I)

veri = fuil (S, I)

verkko = lìon (S), líon (I)

vesi = uisge (S), uisce (I)

vesiputous = eas (S, I)

viikko = seachdain (S), seachtain (I)

viini = fìon (S), fíon (I)

virta = sruth (S, I)

voi = ìm (S), im (I)

voima = neart (S, I)

voimakas = làidir (S), láidir (I)

vuohi = gobhar (S), gabhar (I)

vuori = sliabh (S, I)

vuosi = bliadhna (S), bliain (I)

vyö = crios (S, I)

vähän = beagan (S), beagán (I)

välissä = eadar (S), idir (I)

väri = dath (S, I)

ylhäällä = shuas (S), thuas (I)

ylös = suas (S, I)

yö = oidhche (S), oíche (I)

äiti = màthair (S), máthair (I)

BBC:n sääennusteet kolmella kelttiläisellä kielellä

Britannian yleisradioyhtiö BBC:n verkkosivuilla voi tarkastella sääennusteita englannin lisäksi kolmella kelttäisellä kielellä: gaeliksi (Gàidhlig), iiriksi (Gaeilge) ja kymriksi (Cymraeg). Kielen voi valita sivun alaosasta löytyvästä valikosta. Valikon sijoittaminen sivun alaosaan on osoitus sivuston huonosta suunnittelusta, sillä näin monelta gaelin-, iirin- tai kymrinkieliseltä käyttäjältä saattaa jäädä kokonaan huomaamatta, että sivustoa voisi käyttää muullakin kielellä kuin englanniksi. Lisäksi jotkin selaimet saattavat paikkakuntakohtaisen haun jälkeen heittää käyttäjän takaisin englanninkieliseen versioon, jolloin kielivalinta täytyy muuttaa toistamiseen. (Vielä enemmän parannettavaa tosin olisi kotimaisella Ilmatieteen laitoksellamme, jonka verkkosivuilta ei löydy lainkaan ennusteita kotoperäisillä vähemmistökielillä saameksi ja karjalaksi.)

Jokaisen päivän kohdalla annetaan lyhyt yleiskuvaus päivän säästä, esimerkiksi "aurinkoista ja heikkoa tuulta". Kuvaus on yleensä kaksiosainen siten, että siiten sisältyy ainakin sana "ja". Sekä gaeliksi että iirissä on kaksi synonyymistä ja-sanaa: *agus* ja *is*. Gaelinkielisissä ennusteissa on päädytty käyttämään näistä jälkimmäistä ja iirinkielisissä ensimmäistä. (Sivu mennen sanoen *is* on molemmissa kielissä myös olla-verbin muoto.) Kymrissä taas "ja" on *a* tai *ac* riippuen siitä, alkaako seuraava sana kerakkeella (konsonantilla) vai ääntiöllä (vokaalilla).

Paikkakuntakohtaisia sääennusteita löytyy paitsi Britannian paikkakunnille, niin monille muillekin paikoille kautta maailman. Suomenkin suurimmille kaupungeille löytyy omat ennusteensa. Gaelin, iirin tai kymrin oppimista voi vauhdittaa alkamalla päivittäin seurata sääennusteita jollain näistä kielistä. Ennusteitten sanalliset kuvaukset ovat lyhyitä ja pieni määrä samoja sanoja pyörii niissä jatkuvasti päivästä ja viikosta toiseen, joten sanat jäävät nopeasti mieleen.

Allaolevaan sanastoon on listattu yleisimpiä ennustuksissa esiintyviä sanoja niin skotlanningaeliksi (S), iiriksi (I) kuin kymriksikin (K). Sanat on aakkostettu gaelin mukaan. Kaikki sanat eivät ennusteessa välttämättä esiinny täsmälleen samassa muodossa kuin sanastossa, sillä ne saattavat olla tietyssä yhteydessä esimerkiksi mutatoituneita. Kaikkien mutatoituneitten ja taipuneittenkin sanojen pitäisi kuitenkin olla helposti tunnistettavissa sanastossa esitettyjen perusmuotojen pohjalta.

Kaikissa kelttiläisissä kielissä laatusana (adjektiivi) sijoittuu pääsanansa perään. Sanotaan siis esimerkiksi "tuulta navakkaa", eikä "navakkaa tuulta".

(S) = gaeli (skotlanningaeli)

(I) = iiri (irlanningaeli)

(K) = kymri

aimsir (S) = aimsir (I) = tywydd (K) = sää

aotrom (S) = éadrom (I) = ysgafn (K) = kevyt, heikko

astar na gaoithe (S) = luas gaoithe (I) = cyflymder gwynt (K) = tuulennopeus

beothail (S) = úr (I) = ffres (K) = navakka (tuuli)

bruthadh (S) = brú (I) = gwasgedd (K) = (ilman)paine

ciùthran (S) = ceobhrán (I) = glaw mân (K) = tihku(sade)

clach-mheallain (S) = cloichsneachta (I) = cesair/cenllysg (K) = rae

dol fodha na grèine (S) = luí gréine (I), machlud haul (K) = auringonlasku

74

èirigh na grèine (S) = éirí gréine (I), codiad haul (K) = auringonnousu

faicsinneachd (S) = léargas (I) = gwelededd (K) = näkyvyys

flin (S) = flichshneachta (I) = eirlaw (K) = räntä(sade)

frasan (S) = ceatheanna (I) = cawodydd (K) = kuuroja

gaoth (S) = gaoth (I) = gwynt (K) = tuuli

greisean grianach (S) = tréimhsí gréine (I) = ysbeidiau heulog (K) = auringon pilkahduksia

grianach (S) = grianmhar (I) = heulog (K) = aurinkoinen

làidir (S) = láidir (I) = cryf (K) = voimakas, kova

leth-bheothail (S) = measartha (I) = cymedrol (K) = kohtalainen (tuuli)

oiteag (S) = leoithne (I) = awel (K) = tuuli

sgòth (S) = scamall (I) = cwmwl (K) = pilvi

sneachda (S) = sneachta (I) = eira (K) = lumi(sade)

socair (S) = caoin (I) = ysgafn (K) = heikko tai kohtalainen (tuuli)

stèisean amharc (S) = stáisúin bhreathnóireachta (I) = gorsaf arsylwi (K) = havaintoasema

taiseachd (S) = bogthaise (I) = lleithder (K) = (ilman)kosteus

teòthachd (S) = teoth (I) = tymheredd (K) = lämpötila

trom (S) = trom (I), trwm (K) = rankka

truailleadh (S) = truailliú (I) = llygredd (K) = (ilman)saasteet

uisge (S) = fearthainn (I) = glaw (K) = vesi(sade)

Alla esitetään aito esimerkki 17.11.2020 annetusta kahden viikon sääennusteesta Steòrnabhaghiin. Voit harjoitella sanastoa suomentamalla ennusteet. Mallivastaukset löytyvät tehtävän lopusta.

17.11.2020

Frasan aotrom uisge is oiteag leth-bheothail (S)

Ceathanna éadroma fearthainne agus leoithne mheasartha (I)

Cawodydd o law ysgafn ac awel gymedrol (K)

18.11.2020

Gaoth làidir is uisge trom (S)

Gaoth láidir agus fearthainn throm (I)

Gwyntoedd cryf a glaw trwm (K)

19.11.2020

Sgòthan aotrom is oiteag leth-bheothail (S)

Scamall bán agus leoithne mheasartha (I)

Cwmwl ysgafn ac awel gymedrol (K)

20.11.2020

Gaoth làidir is uisge trom (S)

Gaoth láidir agus fearthainn throm (I)

Gwyntoedd cryf a glaw trwm (K)

21.11.2020

Gaoth làidir is frasan chlachan-meallain (S)

Gaoth láidir agus ceathanna cloichshneachta (I)

Gwyntoedd cryf a chawodydd o gesair/cenllysg (K)

22.11.2020, 23.11.2020, 24.11.2020

Frasan aotrom uisge is oiteag bheothail (S)

Ceathanna éadroma fearthainne agus leoithne úr (I)

Cawodydd o law ysgafn ac awel ffres (K)

25.11.2020, 26.11.2020

Frasan chlachan-meallain is oiteag leth-bheothail (S)

Ceathanna cloichshneachta agus leoithne mheasartha (I)

Cawodydd o gesair/cenllysg ac awel gymedrol (K)

27.11.2020

Frasan chlachan-meallain is oiteag bheothail (S)

Ceathanna cloichshneachta agus leoithne úr (I)

Cawodydd o gesair/cenllysg ac awel ffres (K)

28.11.2020, 29.11.2020, 30.11.2020

Frasan aotrom uisge is oiteag leth-bheothail (S)

Ceathanna éadroma fearthainne agus leoithne mheasartha (I)

Cawodydd o law ysgafn ac awel gymedrol (K)

17.11.2020 Kevyitä sadekuuroja ja kohtalaista tuulta

18.11.2020 Kovaa tuulta ja rankkaa sadetta

19.11.2020 Kevyttä pilveä ja kohtalaista tuulta

20.11.2020 Kovaa tuulta ja rankkaa sadetta

21.11.2020 Kovaa tuulta ja raekuuroja

22.11.2020 Kevyitä sadekuuroja ja navakkaa tuulta

23.11.2020 Kevyitä sadekuuroja ja navakkaa tuulta

24.11.2020 Kevyitä sadekuuroja ja navakkaa tuulta

25.11.2020 Raekuuroja ja kohtalaista tuulta

26.11.2020 Raekuuroja ja kohtalaista tuulta

27.11.2020 Raekuuroja ja navakkaa tuulta

28.11.2020 Kevyitä sadekuuroja ja kohtalaista tuulta

29.11.2020 Kevyitä sadekuuroja ja kohtalaista tuulta

30.11.2020 Kevyitä sadekuuroja ja kohtalaista tuulta

Hyödyllisiä linkkejä gaelin opiskeluun

Gaelin opiskelun tueksi löytyy useita oppimateriaaleja, joskin lähes kaikki niistä on valitettavasti kirjoitettu englanniksi. Harvoja poikkeuksia on gaeli-iiri -verkkosanakirja:

http://www.intergaelic.com

Verkossa on myös gaeli-englanti -sanakirja *Am Faclair Beag* eli 'Pieni sanakirja':

https://faclair.info

Varsinaisia oppimateriaaleja löytyy osoitteista:

https://learngaelic.scot

http://www.bbc.co.uk/alba/foghlam/beag_air_bheag

Gaelinkielisiä kirjoja ja kielen oppikirjoja voi ostaa mm. Gaelinkielisen Kirjallisuuden Seuran (*Comhairle nan Leabhraichean*) liikkeestä Glaschusta tai tilata verkkokaupasta:

https://www.gaelicbooks.org

Syyskuussa 2021 on myös tarkoitus ilmestyä uuden SpeakGaelic-kampanjan oppimateriaaleja verkkoon.